本书系徐州幼儿师范高等专科学校专著出版资

基于知识图谱的中国体育赛事理论研究

（2000—2022）

刘 伟◎著

南京大学出版社

图书在版编目(CIP)数据

基于知识图谱的中国体育赛事理论研究：2000—2022 / 刘伟著. —南京：南京大学出版社，2022.12
ISBN 978-7-305-26490-0

Ⅰ.①基… Ⅱ.①刘… Ⅲ.①运动竞赛—研究—中国 Ⅳ.①G812

中国国家版本馆 CIP 数据核字(2023)第 011981 号

出版发行　南京大学出版社
社　　址　南京市汉口路 22 号　　邮　编　210093
出 版 人　金鑫荣

书　　名 基于知识图谱的中国体育赛事理论研究(2000—2022)
著　者 刘伟
责任编辑 丁群　　　　　　编辑热线　025-83686756

照　排　南京开卷文化传媒有限公司
印　刷　广东虎彩云印刷有限公司
开　本　787 mm×1092 mm　1/16　印张 10　字数 200 千
版　次　2022 年 12 月第 1 版　2022 年 12 月第 1 次印刷
ISBN　978-7-305-26490-0
定　价　50.00 元

网　　址：http://www.njupco.com
官方微博：http://weibo.com/njupco
官方微信：njupress
销售咨询热线：025-83594756

* 版权所有，侵权必究
* 凡购买南大版图书，如有印装质量问题，请与所购
　图书销售部门联系调换

前　言

21世纪以来,我国先后举办了多项大型体育赛事,为我国体育赛事研究积聚了大量的素材。本书以我国体育赛事相关研究为对象,应用知识图谱理论和方法,探讨我国体育赛事研究的知识结构,发现知识基础及前沿节点,揭示研究热点及其演化动态,评价主流学术群体与代表人物,探索并构建体育赛事学的理论体系。

本研究以2000—2022年CSSCI数据库中的789篇体育赛事研究论文及参考文献为数据。首先,在中国体育赛事理论知识结构的知识图谱研究中,采用关键词共现和聚类分析的方法,绘制和分析体育赛事研究的网络图谱,揭示体育赛事研究的知识结构。

其次,在中国体育赛事理论研究的主流学术群体与代表人物的知识图谱研究中,基于共现分析和社会网络分析等方法,发现并评价中国体育赛事理论研究的高影响力作者,派系及其代表人物等。

再次,在中国体育赛事理论知识基础、研究热点和研究前沿的知识图谱研究中,绘制和分析文献共被引知识图谱,揭示中国体育赛事理论的知识基础。结合文献的内容分析和施引文献的关键词共现网络图谱分析,揭示体育赛事研究的热点和演化动态;绘制文献共被引聚类知识图谱,结合被引文献的内容分析和施引文献的关键词的词频内容分析,发现体育赛事理论研究前沿,形成了"核心—边缘"两个层次下的21个研究主题的格局。

最后,依据理论形成的内在机制及理论的构成状况,探索性地提出了体育赛事学分类的标准,构建了体育赛事学理论体系的基本框架及"学科—研究—对象"三维动态结构。

著　者

目 录

第一章 绪论 ·· 1
    第一节 研究背景与研究问题 ·· 1
    第二节 国内外体育赛事研究成果概况 ··· 10
    第三节 研究技术路线与研究方法 ·· 29

第二章 中国体育赛事主干理论的知识结构与演进路径 ································· 35
    第一节 中国体育赛事研究文献数量与时区演化分析 ································ 35
    第二节 中国体育赛事研究期刊载文量及文献基金分析 ···························· 38
    第三节 中国体育赛事研究机构分析 ··· 39
    第四节 中国体育赛事理论知识结构 ··· 40

第三章 中国体育赛事研究领域的主流学术群体与代表人物 ·························· 49
    第一节 基于引文分析的中国体育赛事研究领域作者评价 ························ 49
    第二节 基于知识图谱的中国体育赛事研究领域作者合著关系研究 ············ 51

第四章 中国体育赛事研究的知识基础与前沿节点 ······································· 55
    第一节 中国体育赛事研究的知识基础分析 ··· 56
    第二节 中国体育赛事研究领域的前沿节点分析 ····································· 61

第五章 中国体育赛事的研究前沿与研究主题 ·· 65
    第一节 基于文献共被引的中国体育赛事研究前沿聚类分析 ····················· 67

第二节　中国体育赛事研究前沿的核心知识群 ······ 73
  第三节　中国体育赛事理论研究前沿的次级知识群 ······ 83

第六章　中国体育赛事研究的热点及其演化动态 ······ 97
  第一节　中国体育赛事研究的热点分析 ······ 100
  第二节　中国体育赛事研究热点的演化态势 ······ 101

第七章　中国体育赛事学学科理论体系构建的探索性研究 ······ 108
  第一节　体育赛事学的逻辑起点之思 ······ 109
  第二节　体育赛事学学科体系的建构 ······ 130
  第三节　体育赛事学理论体系的基本框架与学科发展展望 ······ 137
  第四节　中国体育赛事科学分类的框架与学科体系的结构探析 ······ 138

第八章　结论 ······ 142
  第一节　研究结论 ······ 142
  第二节　研究创新点 ······ 144
  第三节　研究不足与展望 ······ 145

参考文献 ······ 146

第一章
绪 论

第一节 研究背景与研究问题

一、研究背景

(一) 社会背景

体育赛事作为一项产业,是随着资本主义生产方式的形成与发展,从而产生和演进的。1984年美国洛杉矶奥运会后,体育赛事在西方发达国家取得了长足发展——他们拥有众多国际知名体育赛事的举办权,世界各国真正对体育赛事高度重视,定期举办的职业联赛、每年的常规性赛事和综合性的大型赛事均风靡全球。美国职业橄榄球大联盟(National Football League)年终总决赛"超级碗",是全美收视率最高的电视节目。观看世界杯足球赛决赛的美国电视观众总数达到约1700万,但这与"超级碗"相比简直就是小巫见大巫。

奥运会是世界上规模和影响力最大的综合性体育赛事,各国顶级运动员同场竞技,他们代表了当今职业体育技能发展的世界先进水平。因此,奥运会吸引了大量关注和赞助,其"吸睛"与"吸金"能力在世界范围都是首屈一指的。但当前,奥运会辉煌的背后,出现了前所未有的挑战。随着规模扩大,奥运会对主办城市的设施建设和公共服务质量提出了高标准和高要求,这使许多城市赛后仍然长期背负着经济负担,因此奥运会的申办积极性急剧下降。为解决危机,国际奥委会积极寻求改革,2014年12月通过了奥运会改革方案《奥林匹克2020议程》,其核心是谋求降低奥运会申办和运行成本的策略。

2008年北京奥运会的成功使得我国一跃成为世界上体育赛事经济增长最快的国家之一,随后,广州亚运会、中国网球公开赛、世界田径锦标赛等高水平的体育赛事也相继在我国举办。各种单项比赛、不同类型的商业比赛等让观众们目不暇接。体育赛事的举办也给城市带来了长远的影响,如带动经济发展、提高市民整体综合素质、完善基础设施建设等，从而推动整个城市的现代化发展。承办大型体育赛事所带来的综合效应已经得到了社会各界的广泛认同。各地区在制定发展规划时，也越来越多地把承办大型体育赛事纳入其中，以期获得更大的综合发益。2022年冬奥会的主办城市——北京、张家口，就通过冬奥契机解决了城市环境、经济、社会发展的很多问题。

（二）学科背景

目前学术界还没有将体育赛事作为一个独立的学科，但是从未来的发展前景来看，体育赛事研究需要进一步重视，相关的重要问题需要得到有效关注和解决，所以应当规范体育赛事的相关研究，站在学科发展的高度构建我国体育赛事理论研究的整体框架。

依据科学观点，任何一门科学的发展一般都要经历准科学→前科学→常规科学→反常→危机→科学革命→新的常规科学……的动态过程[1]。现有的体育赛事研究通系侧重于对体育赛事的经验描述，所呈现出的感性经验较多、理性分析较少，很多问题没有被深入探究。还有一些理论解释，如对赛事本质的界定、赛事价值的探讨等尚未达成共识。体育赛事理论研究所呈现出的这些特点正是前科学的重要特征。

自21世纪起，有关体育赛事问题便受到一些学者的持续关注和探讨。学界更多是在体育学、经济学、社会学、新闻学与传播学、营销学、管理学、教育学等单一学科或有限学科组合视角下展开相关研究（见表1-1）。例如：陈开云[2]（2003）的体育赛事管理理论是以经营理论为突破口，解决转型时期我国体育赛事市场化运作的相关问题。而肖林鹏、叶庆晖[3]（2005）的赛事管理理论是尝试将项目管理理论引入体育赛事的管理中，以弥补之前体育赛事经营管理的不足。李南筑、袁刚[4]（2006）所著的《体育赛事经济学》运用新制度经济学理论对我国的体育赛事经济现象进行解读。顾晓霞、杜秀芳[5]等人（2009）将项目管理理论和营销学理论结合起来，从管理、经营和组织实务三个角度对我国体育赛事进行研究。杨铁黎、李良忠[6]等人（2010）认为体育赛事管理理论是风险管理的基本理论与商业性体育赛事的紧密结合。谢劲[7]（2018）以营销管理和品牌传播的理论为指导，借助文献资料法、调查访谈法、定性定量分析等方法，在梳理了体育赛事、城市及体育营销等概念的基础上对体育赛事与城市发展关系演进、体育赛事和城市发展相互之间的影响和作用进行了梳理等。

---

[1] 张锐,张燚.品牌学——讨论基础与科学发展[M].北京:中国经济出版社,2007.
[2] 陈开云.赛事经营管理概论[M].上海:复旦大学出版社,2003.
[3] 肖林鹏,叶庆晖.体育赛事项目管理[M].北京:北京体育大学出版社,2005.
[4] 李南筑,袁刚.体育赛事经济学.上海:复旦大学出版社,2006.
[5] 顾晓霞,杜秀芳.体育赛事的经营与管理[M].太原:山西人民出版社,2009.
[6] 杨铁黎,李良忠.商业性体育赛事风险管理[M].北京:北京体育大学出版社,2010.
[7] 谢劲.大型体育赛事与城市发展[M].北京:中国商务出版社,2018.

表1-1 体育赛事相关理论重要著述表

作者	名称	类型	出版单位	时间
陈开云	赛事经营管理概论	主编	复旦大学出版社	2003
纪宁	体育赛事的经营与管理	专著	电子工业出版社	2004
肖林鹏、叶庆晖	体育赛事项目管理	专著	北京体育大学出版社	2005
黄世席	奥林匹克赛事争议与仲裁	专著	法律出版社	2005
刘清早	体赛事运作管理	专著	人民体育出版社	2006
李南筑	体育赛事经济学	专著	复旦大学出版社	2006
第29届奥运会安全保卫工作组	国外体育赛事及大型活动立法选编	编著	群众出版社	2006
高晓波	我国体育赛事运营管理的方略	专著	人民体育出版社	2006
王守恒、叶庆晖	体育赛事管理	编著	高等教育出版社	2007
樊智军	体育赛事的组织与管理	编著	人民体育出版社	2007
杨斌、任金州	体育赛事电视公用信号制作标准指南	编著	中国传媒大学出版社	2007
杨黎明、余宇	体育赛事合同	专著	法律出版社	2007
田雨普	大型体育赛事的经营管理	专著	人民体育出版社	2007
易剑东	大型体育赛事报道与媒体运行	专著	浙江大学出版社	2008
李颖川	体育赛事经营管理	编著	人民体育出版社	2008
周学云、陈林祥	我国综合性体育赛事资源开发	编著	人民体育出版社	2008
顾小霞、杜秀芳	体育赛事的经营与管理	专著	山西人民出版社	2009
邱晓德	国际体育组织与国际体育赛事合作战略管理	专著	人民体育出版社	2009
杨国和	同在现场大型体育赛事直播技术管理与创新实践	专著	中国广播电视出版社	2009
李秀华	大型体育赛事护理服务指南	编著	人民卫生出版社	2009
柴红年	赛事品牌构建理论研究	专著	人民体育出版社	2010
杨铁黎、李良忠	商业性体育赛事风险管理	专著	北京体育大学出版社	2010
刘江南、李志昌	重大国际体育赛事管理和运行	专著	广东人民出版社	2010
马龙龙、杨大勇	大型赛事服务平台即时构造方法研究	专著	清华大学出版社	2010
阎立亮	环渤海体育旅游带的构建与大型体育赛事互动的研究	专著	山东人民出版社	2010
周学云、陈林祥	我国综合性体育赛事资源开发	专著	人民体育出版社	2010

续 表

作者	名称	类型	出版单位	时间
张磊	我国大型体育赛事知识产权的保护研究	专著	中国矿业大学出版社	2011
王洋	我国体育赛事转播权的法律保护研究	专著	中国矿业大学出版社	2011
刘希佳	中国体育赛事组织结构模式研究	专著	人民体育出版社	2011
钟秉枢、张建会等	制度变迁、城市遴选、市场开发 我国综合性体育赛事改革研究	专著	北京体育大学出版社	2011
程志明、任金州	跃升与质变 体育赛事电视公用信号制作专论	专著	北京师范大学出版社	2011
袁莉 邱晓德	大型国际体育赛事资本运作与风险控制	专著	北京师范大学出版社	2011
张林、黄海燕	体育赛事事前评估	专著	人民体育出版社	2011
王晓东	体育赛事营销传播	专著	人民体育出版社	2011
杨书彬	我国大型体育赛事新媒体转播权法律保护研究	专著	中国矿业大学出版社	2012
肖锋	体育赛事安全防范研究	专著	吉林人民出版社	2012
刘春芝、王志文	体育赛事基础设施建设和营销战略研究	专著	光明日报出版社	2012
张林、李延超	中国民族民间体育赛事研究	编著	人民体育出版社	2012
黄海燕	体育赛事管理	专著	人民体育出版社	2012
李晓光	体育赛事项目的组织管理与实践	专著	吉林人民出版社	2012
张林、黄海燕	体育赛事与城市发展	专著	人民体育出版社	2013
刘俊裕	全球都市文化治理与文化策略：艺文节庆、赛事活动与都市文化形象	专著	巨流图书股份有限公司	2013
张林	体育赛事申办决策	专著	复旦大学出版社	2013
郝勤、张新	体育赛事简史	专著	人民体育出版社	2013
陈小英	大型赛事媒体运行理论与实务	编著	暨南大学出版社	2013
王相英	体育赛事无形资产系统管理	专著	科学出版社	2013
王瑜	媒介融合背景下的体育赛事传播体系构建、资源整	专著	上海交通大学出版社	2013
刘清早	体育赛事市场开发	专著	上海交通大学出版社	2013
沈佳	体育赛事赞助目标和策略研究	专著	人民体育出版社	2022
杨涛	我国民族民间体育赛事对旅游目的地的影响研究	专著	中国时代经济出版社	2022

续表

作者	名称	类型	出版单位	时间
昝胜锋、朱文雁	体育赛事双边市场构建与竞争研究	专著	福建人民出版社	2022
姜晓红	大型赛事媒体运行原理与新闻服务体例	教材	暨南大学出版社	2022
曾国军等	赛事营销	教材	中山大学出版社	2022
张文健	职业赛事的现状和改进对策研究	专著	北京体育大学出版社	2015
柳鸣毅	我国青少年体育赛事体系研究 理念嬗变·路径探析·青奥启示	专著	北京体育大学出版社	2015
柴王军	体育赛事与城市营销	专著	中国财政经济出版社	2015
张现成	我国大型体育赛事举办与改善民生的耦合研究	专著	新华出版社	2015
曾静平	商业体育赛事论	专著	陕西师范大学出版社	2016
项蔓、覃湘庸	区域体育赛事社会文化环境指标体系构建	专著	浙江大学出版社	2017
汪志刚	利益相关者视角的我国大型体育赛事竞争力评价体系构建的研究	专著	人民体育出版社	2017
刘亚云、钟丽萍	大型体育赛事突发事件应急管理的理论及实践	专著	吉林大学出版社	2017
刘丽娜、孔庆波	大型体育赛事与传播媒介的互利共生研究	专著	北京体育大学出版社	2017
路静	大型国际体育赛事的公共外交研究	专著	时事出版社	2017
黄海燕	体育赛事与城市旅游业互动发展研究	专著	社会科学文献出版社	2017
和立新	体育赛事与体育旅游互动视角下北京、上海国际体育中心城市构建研究	专著	北京体育大学出版社	2018
谢劲	大型体育赛事与城市发展	专著	中国商务出版社	2018
恒一、钱浩	电子竞技赛事运营与管理	教材	江苏人民出版社	2018
姚远	中国学校篮球赛事研究	专著	人民体育出版社	2019
马越	体育赛事资源开发及产业发展研究	专著	东北师范大学出版社	2019
郑志强	中国赛事产业链与城市发展研究	专著	中国财政经济出版社	2019
赵旭	大型赛事的风险管理与保险	专著	中国财政经济出版社	2019
李实著	新常态背景下我国综合性体育赛事组织管理及运行模式研究	专著	天津社会科学院出版社	2020
湛育明、蒋玲	体育赛事运作管理	专著	东北师范大学出版社	2020
王聘	体育赛事及其涉及的法律问题研究	专著	西安出版社	2020

续表

作者	名称	类型	出版单位	时间
张宇	体育赛事管理与市场开发研究	专著	中国书籍出版社	2020
张建会	国际国内双重维度下大型体育赛事与国家认同	专著	北京体育大学出版社	2020
谭康	体育赛事转播权的营销与法律研究	专著	中国广播影视出版社	2021
龚韬	中国体育赛事知识产权保护研究	专著	中国政法大学出版社	2021
胡家镜	体育赛事与城市耦合发展研究	专著	西南财经大学出版社	2021
张成龙	体育赛事组织与管理	专著	哈尔滨工业大学出版社	2022
刘旭东	体育赛事文化与运营管理研究	专著	南京出版社	2022
王凯	体育赛事媒体版权运行理论与实践	专著	南京大学出版社	2022
王卫东	大型综合性体育赛事组织与市场开发	专著	人民体育出版社	2022

(三) 启示借鉴

基于体育赛事的社会发展背景以及现有体育赛事研究的学科背景,笔者对中国博士学位论文全文数据库作检索,获得了在论文篇名中出现有"学科、科学、学科体系、分类、术语"等字样的近 20 年(2000—2022)的科学文献数据。表 1-2 列举了对本文选题和研究思路及内容设计有重要启发和参考价值的不同学科的博士论文信息。通过对这些博士论文的内容分析可以发现,运用质性研究方法、知识图谱理论和方法,揭示学科理论发展规律和构建学科体系,已成为博士论文选题的重要方向。这为本论文的选题和研究方案的设计,提供了重要的间接经验和论证基础。

表 1-2 对选题有重要启发和参考价值的文献

作者	论文题目	时间	授予单位
陈 悦	管理学学科演进的科学计量研究	2006	大连理工大学
王 梅	基于生态原理的学科协同进化研究	2006	天津大学
侯海燕	基于知识图谱的科学计量学进展研究	2006	大连理工大学
庞振超	1949—1998 中国大学人文学科变革研究	2006	厦门大学
姜 红	现代中国新闻学科建构与学术思想中的科学主义	2006	复旦大学
谷鹏飞	应用美学学科模式研究	2007	中国人民大学
黄志鹏	我国音乐科技学科建设的理论研究	2007	首都师范大学
汪基德	中国教育技术学科的发展与反思	2007	西北师范大学

续 表

作者	论文题目	时间	授予单位
李冲锋	领导教育学的学科自立	2007	华东师范大学
韦群林	中国司法管理学学科构建及发展研究	2008	南京理工大学
陈立新	力学期刊群的内外关系与学科结构	2008	大连理工大学
王宏超	学科与思想:中国现代美学的起源	2008	复旦大学
刘小强	学科建设:元视角的考察	2008	厦门大学
侯剑华	工商管理学科演进与前沿热点的可视化分析	2009	大连理工大学
秦长江	基于科学计量学共现分析法的中国农史学科知识图谱构建研究	2009	南京农业大学
孔寒冰	基于本体的工程学科框架研究	2009	浙江大学
杨美春	壮医妇科学学科构建及优势特色研究	2009	湖南中医药大学
林志远	艺术设计学科特征研究	2009	中国艺术研究院
崔淑珍	西方英语写作学的元学科研究	2009	上海外国语大学
孔祥立	中国翻译学学科建设论	2009	上海外国语大学
李 静	护理学学科体系构建的探索性研究	2010	第二军医大学
魏建香	学科交叉知识发现及其可视化研究	2010	南京大学
杨志勇	营销学科图谱:基于科学计量与可视化技术的营销研究分析	2011	东华大学
陈慧	我国大学体育学科建设研究	2011	武汉大学
宋刚	中国技术管理学学科演进发展状态研究	2011	大连理工大学
杨志勇	营销学科图谱	2011	东华大学
徐碧鸿	我国高校体育工程学科建设研究	2012	中国矿业大学
何超	我国管理科学学科演进的知识图谱研究	2012	湖南大学
王雷	我国体育艺术学学科理论框架构建	2013	北京体育大学
张锐	基于知识图谱的中国品牌理论演进研究	2013	中国矿业大学
乔金霞	电化教育在中国的传入及其学科建构	2015	华中师范大学
王伟	军事医学信息学学科建构研究	2015	中国人民解放军军事医学科学院
宋俊成	高校思想政治教育学科建设研究	2015	大连理工大学
曾凡勇	中国森林保护学科发展历程研究	2016	中国林业科学研究院
谢恩礼	田径运动科技文献的知识图谱研究	2016	北京体育大学

续 表

作者	论文题目	时间	授予单位
王磊磊	我国体育工程学科的理论体系构建与发展对策研究	2018	北京体育大学
卢育娟	艺术管理学科体系构建研究	2018	中国艺术研究院
热孜万古丽·阿巴斯	我国教育管理学知识图谱研究——基于1979—2018期刊文献的实证分析	2019	华东师范大学
李术红	思想政治教育心理学学科建构研究	2022	哈尔滨工程大学
陈必坤	学科知识可视化分析研究	2022	武汉大学
陈玥	中国传媒经济学研究历史进路与范式建构	2022	武汉大学
蒋菲	新世纪中国课程与教学论的知识图谱研究	2022	湖南师范大学
施沅坤	军事医学科学院军事药学的学科建设研究	2022	中国人民解放军军事医学科学院
黄玉兰	中国哲学史学科范式的历史考察	2022	湘潭大学

二、问题提出

21世纪以来,我国先后举办了北京奥运会、广东亚运会、上海F1大奖赛、中国网球公开赛等世界顶级体育赛事,这些体育赛事的举办,为我国体育赛事研究积累了大量的素材。体育赛事研究已成为国内学者关注的热点,国内关于体育赛事的研究颇多,内容涉及体育赛事的起源、概念、管理、影响等。研究所涉及的学科也异常广泛,如体育学、经济学、管理学、城市学、传播学等。尽管我国的体育赛事研究最初起源于体育竞赛,但是研究主题一直在不断拓展和变化,新的分支层出不穷,与体育赛事问题相关的学科至少有十几门,体育赛事知识的来源是极其复杂的。通过中国知网就能搜索到体育赛事相关主题文献上万篇。可见随着我国体育赛事的快速发展,其综合价值日益突出,体育赛事已不仅是一种体育竞赛,也是一种出现在新的领域的独特的经济现象。它超越了体育竞赛固有的概念和范围,成为一个多学科交叉的研究领域。那么,如何从大量的知识成果中总结出当前中国体育赛事研究的基本脉络与知识基础呢?又如何从动态发展的研究主题中把握我国体育赛事的热点领域、前沿趋势和知识结构呢?笔者通过文献检索发现,我国一些学者已就我国体育赛事研究的分支和各种主题做出了回顾和评价,但关于我国体育赛事研究进展的整体图景、知识渊源和结构关系等的研究相对较少。此外,这些研究主要都是基于研究者的主观认识,以分析和归纳为基本手段,在客观评价已有科研成果,揭示更深层次的理论发展的内在规律等方面存在严重不足。

从研究背景和上述分析中发现,体育赛事理论层的研究和实践层的发展,明晰我国体育赛事发展的过去、现在和未来,而传统的常用研究方法在面对数量庞大的已有知识成果时显得苍白无力。基于这些思考,本文拟以"基本 CSSCI(2000—2020)的中国体育赛事知识图谱研究"作为论文的选题。利用文献分析与内容分析相结合、动态分析和静态分析相结合、定量分析与定性分析相结合的方式,揭示中国体育赛事发展的内在规律。本课题借助"科学知识图谱"的相关理论和方法,以可视化的知识图谱来研究体育赛事领域的研究进展,对体育赛事研究的知识基础、领域结构、研究热点和前沿问题进行可视化的网络图谱分析,形象地展示和解析体育赛事的研究进展。本研究对国内学者把握体育赛事的研究方向,有针对性地加强体育赛事研究,促进我国体育赛事的相关理论研究与实践发展都有重要意义。

三、研究目的

首先,本研究运用科学计量方法梳理我国从 2000 年以来关于体育赛事研究的文献资料,通过实证分析与主题探讨,进一步系统揭示中国体育赛事理论发展过程中可能存在的内在规律,最终为中国体育赛事理论的发展做出两方面贡献:一是创新赛事理论,二是为赛事理论体系的构建提供必要的基础。

其次,在运用科学计量方法进行实证分析的基础上,对体育赛事学的分类标准和框架提出构想,进一步搭建体育赛事学的学科体系,从而探讨并提出体育赛事理论的三维动态结构,即体育赛事理论体系建构的一般范式、体育赛事理论体系建构的基本框架、体育赛事理论体系建构的"学科—研究—对象",最终为我国的体育赛事理论在新时代的全面快速发展提供有益参考,也为各级政府部门制定体育赛事政策提供合理的依据。

四、研究意义

本研究并不是简单介绍我国体育赛事众多的理论和流派,而是力图在纷繁复杂的赛事理论丛林中,通过对我国体育赛事相关研究文献资料的科学梳理,分析其研究群体、研究主题以及研究逻辑,进一步深入剖析我国体育赛事理论发展图景。在此基础上,一方面可以推进研究者们对我国体育赛事基础理论的深入研究,进而丰富体育赛事理论体系;另一方面,可以促进体育赛事的学科建设,梳理其基础理论发展过程中缺失和薄弱的环节。从而促进我国体育赛事理论研究的框架和范式逐渐规范与统一,同时寻找理论发展的新方向和新理论的生长点、生长极,进一步准确把握我国关于体育赛事理论发展的方向和趋势,推动新时代中国体育赛事学整体优化与发展。

第二节 国内外体育赛事研究成果概况

一、国内学者对于中国体育赛事领域的研究概况

(一)宏观视角下的中国体育赛事研究的综述性文章

2009年,靳小雨、奕美丽发表了《体育赛事研究评析》一文,此文应用内容分析法,详细分析了1997—2008年我国竞技体育管理体制改革全面实施以来,体育赛事研究的特点。① 2012年,孙林、陈诗华、马忠利以1989—2012年CNKI中国期刊全文数据库中核心期刊上刊发的体育赛事研究作为样本,统计发文量、关键词、作者等数据,分析结果表明:我国体育赛事研究主题集中在体育赛事产业化及体育赛事发展,其他领域如体育经济等的研究尚显薄弱;研究作者来源单一,高产作者的研究主题与研究兴趣广泛,合著程度较高。② 2013年,上海体育学院体育赛事研究中心的叶小瑜发表了《近10来我国体育赛事研究热点述评》一文,该文以文献述评为基础,从基本概念、综合影响、市场开发、运营管理和城市发展等方面对我国体育赛事10年研究热点进行了回顾与评价③。

综上,当前学者对宏观视角下的体育赛事研究的综述和评价主要以分析和归纳为基本手段,梳理了近十几年体育赛事研究的特点和热点主题等问题。但是随着知识经济时代的到来,每天的文献都在剧增,要想从纷繁复杂的文献中精准剥离出关键文献是一件非常困难的工作。在此背景下,采用传统的定性分析方法很难实现对学科的整体把握。

(二)具体研究领域或小型主题框架之下的综述性文章

通过梳理现有的体育赛事相关文献资料可以看出,国内有关体育赛事理论研究综述和评价主要集中在两个方面:一是宏观视角下的体育赛事相关综述研究,二是小型的主题框架研究(见表1-3)。所有综述或者评价研究在研究步骤上一般都遵循了传统的五步法,即① 确定需要研究述评的主题;② 在中国知网全文数据库检索与下载相应的文献资料;③ 对相应的文献资料进行整理与阅读;④ 对研究资料进行归纳整合分析

---

① 靳小雨,栾美丽.体育赛事研究评析[J].体育文化导刊,2009(11):67-69+73.
② 孙林,陈诗华,马忠利.我国体育赛事研究的定量分析[J].南京体育学院学报(社会科学版),2012,26(06):60-64.
③ 叶小瑜.近10来我国体育赛事研究热点述评[J].贵州体育科技,2013,110(1):8-12.

与总结得失；⑤对未来体育赛事理论发展提出研究展望。

表1-3 具体研究领域的体育赛事重要文献

作者	发表刊物	文献名称	发表时间
许永刚、王艳丽	湖北体育科技	中国体育赞助研究综述	2004
邱菀华、孙星、唐葆君	生产力研究	重大体育赛事风险管理模式探析	2005
张虹	国际关系学院学报	大型体育赛事现场报道重要环节探析	2005
黄璐、付小春	首都体育学院学报	儒家"和谐观"下的中国体育赛事组织管理理念探析	2005
王子朴、王晓虹	首都体育学院学报	上体育赛事举办者、电视转播方、赞助商合作与共赢发展现状的多维审视——基于第二届体育电视国际论坛的综述	2006
魏鹏娟	首都体育学院学报	体育赛事电视转播权法律性质探析	2006
陈锡尧、刘芳	体育科研	上海市城市景观体育赛事运作的初步探析	2006
霍炎	体育科技文献通报	高校体育赛事的市场开发探析	2006
西宗凤、周杰	安徽电子信息职业技术学院学报	我国高校体育赛事市场运作发展研究综述	2007
蔡铁雪	内蒙古科技与经济	奥运会赛事门票营销问题研究综述	2007
徐欣	企业经济	东部沿海中小城市体育赛事效应探析	2007
梁绍萍	东南传播	体育赛事直播镜头切换技巧探析	2007
西宗凤、周杰	安徽电子信息职业技术学院学报	我国高校体育赛事市场运作发展研究综述	2007
陈元欣、张崇光、王健	上海体育学院学报	大型体育赛事场馆设施的民营化探析	2008
胡乔、彭彦铭、张玲玲	湖北师范学院学报(自然科学版)	我国体育赛事电视转播权经营开发的影响因素探析	2008
申亮、陆慧娟、李仕松	南京体育学院学报(社会科学版)	我国城市电视台在大型体育赛事报道中的应对策略探析	2008
罗雯	科技信息	探析区域性学校体育赛事资源的开发	2008
鸿亮	黄冈师范学院学报	大型体育赛事市场运作的本质及有利环境探析	2009
王云升	陕西教育(高教版)	陕西省高校学生体育赛事现状探析	2009

续 表

作者	发表刊物	文献名称	发表时间
张晃新、张拴太	南京体育学院学报（社会科学版）	探析江苏体育品牌赛事的发展构想——三元分析模型对构建江苏体育品牌赛事的探讨	2009
高旸	中国市场	探析奥运物流运作在体育赛事中应用的可行性研究	2009
叶浩军、闫永涛	建筑创作	面向2010年广州亚运会的城市规划与研究综述	2010
张冲	价值工程	我国体育赛事经纪人问题探析	2010
杨眈丽、耿元元	湖北体育科技	对上海F1赛事风险管理的探析	2010
吴杰忠	兰州教育学院学报	我国体育赛事安保工作研究现状与展望	2010
王格	商场现代化	对大学生体育赛事市场化发展的展望	2010
马成国、季浏	西安体育学院学报	体育赛事的"项目营销"探析	2011
张歆	体育研究与教育	我国业余网球赛事研究综述	2012
徐盛华	商	体育赛事与城市发展关系研究综述	2012
荣俊杰、刘嘉纬、和亚君	乐山师范学院学报	中外特种赛事旅游发展研究综述	2012
杨明辉	中国防伪报道	提高证件防伪能力 加强证件管理工作——大型综合性国际体育赛会证件工作回顾与展望	2012
谭艺、王广进等	体育与科学	西方国家对大型体育赛事与城市（国家）研究述评	2012
王永祥、朱江华等	科技资讯	我国攀岩赛事运作管理模式探析	2012
袁海军、邹红	体育与科学	体育赛事中的礼仪及规范途径探析	2012
袁绍义	河南司法警官职业学院学报	体育赛事民事法律关系探析	2012
齐爱丽、郭树冠等	福建体育科技	探析民族传统体育赛事的综合效应——以贵州省第九届全国民族运动会为例	2012
朱礼才	云南社会主义学院学报	高校体育赛事营销策略探析	2012
纪维龙	运动	体育传媒与体育赛事的关系探析	2012
蔡友凤、房殿生、肖水平	哈尔滨体育学院学报	际旅游岛建设背景下大型体育赛事品牌探析	2012
潘欣、陈红新	湖北成人教育学院学报	体育赛事中大学生志愿者工作的展望	2012

续 表

作者	发表刊物	文献名称	发表时间
张永韬	体育与科学	大型体育赛事对城市（区域）的影响研究述评	2013
钟华梅、王兆红	福建体育科技	体育赛事经济影响评估现状述评	2013
张宇、李艳翎	文史博览（理论）	社会转型期我国大型体育赛事研究述评	2013
于萌	辽宁师范大学学报（自然科学版）	我国大型体育赛事与城市生态环境问题探析	2013
龙佩林、舒颜开	湖北体育科技	武陵山区传统体育赛事的价值与利用对策探析	2013
陈颖、赵蕴	体育成人教育学刊	美国高校体育赛事媒体服务内容探析及策略	2013
杨风华	当代体育科技	大型体育赛事中高校志愿者的发展探析——以江汉大学为例	2013
王永祥、朱江华等	科技资讯	我国攀岩赛事运作管理模式探析	2013
袁海军、邹红	体育与科学	体育赛事中的礼仪及规范途径探析	2013
袁绍义	河南司法警官职业学院学报	体育赛事民事法律关系探析	2013
张玉超	南京体育学院学报（自然科学版）	中国体育赛事转播权市场开发回顾与对策研究	2013
吴艳	广州体育学院学报	我国部分国际马拉松竞赛管理过程研究综述	2013
莫巍峰	浙江体育科学	体育赛事与城市经济发展水平的关系	2013
刘英、张剑渝、杜青龙	体育科学	赞助匹配对赛事赞助品牌评价的影响研究——解释水平理论视角	2022
董丽丽、田静、徐成立	湖北体育科技	历史回顾：近现代以来大型体育赛事与中国城市化	2022
颜永涛	河北体育学院学报	国内大型体育赛事风险研究述评与研究展望	2022
于萌、荆雯	体育学刊	我国大型体育赛事生态环境问题研究进展述评	2022
孙景召、张天峰	体育文化导刊	高校承接大型体育赛事探析	2022
陈欢	科技资讯	体育赛事运作管理理念探析	2022
吴远、方义桂	经济论坛	宁波体育城市品牌建设策略探析	2022
徐桑	科技视野	江西省宜春市体育赛事经营方式探析	2022

续 表

作者	发表刊物	文献名称	发表时间
狄佳倩、严丹妮、严艺	新闻传播	大型体育赛事媒介宣传策略展望——基于南京青奥会媒介宣传效果调查研究	2022
张玉超、杨家坤、王月花	河北体育学院学报	我国体育赛事转播权市场开发现状与展望	2022
颜永涛	河北体育学院学报	国内大型体育赛事风险研究述评与研究展望	2022
陆丹华	吕梁教育学院学报	体育赛事与城市发展关系探析	2015
衣庆云	行政与法	体育赛事转播权和体育赛事转播中的著作权法律问题探析	2015
钟丽萍、黄艳红	体育研究与教育	大型体育赛事危机公关事件的成因探析——以伦敦奥运会系列事件为例	2015
李燕燕、祝杨	当代体育科技	体育赛事的历史起源与演进过程探析	2015
孙景召、张天峰	体育文化导刊	高校承接大型体育赛事探析	2015
毕达巍	西部广播电视	我国体育赛事转播前市场开发现状与展望	2015
王兴山、王芳	体育世界(学术版)	我国大型综合体育赛事研究述评及冬奥会相关研究展望——基于大数据文献分析的视角	2016
杨玉兰	经济研究导刊	旅游地居民对举办大型体育赛事的社会影响感知述评	2016
刘伟杰	商	城市马拉松赛事效益与管理研究现状和前景探析	2016
贾媛媛	新闻研究导刊	探析"郑开国际马拉松"品牌传播效果	2016
师霖	新闻研究导刊	全国排球联赛的新闻策划探析	2016
郭跃波	当代体育科技	学校体育赛事对增强班级群体凝聚力的探析	2016
韩田	河南科技	体育赛事节目属性及其著作权保护探析	2016
何卫东、谢平峰等	运动	东盟留学生参与高校民族传统体育赛事活动探析——以广西民族大学为个案	2016
沈霁月、陆虹	新媒体研究	体育赛场吸金术:场地背景广告营销探析	2016
白云	办公室业务	重大体育赛事中的档案服务探析	2016
占旭刚、陈红	中国体育教练员	体育赛事风险管理现状探析	2016

续 表

作者	发表刊物	文献名称	发表时间
何健、严慧琳	运动	高职院校体育场馆承办社会体育赛事探析	2016
赵红娟、姜健	西安体育学院学报	体育赛事对旅游目的地影响及其理论探析	2016
钱晓燕	河北旅游职业学院学报	国内外体育赛事旅游营销研究现状及展望	2016
王兴山、王芳	体育世界（学术版）	我国大型综合体育赛事研究述评及冬奥会相关研究展望——基于大数据文献分析的视角	2016
付雯、许文鑫、魏辰	当代体育科技	居民对体育赛事的感知与支持度影响研究综述	2017
方雅婷、任猛	当代体育科技	近年大型体育赛事居民关注度的综述研究	2017
张玉超	体育科学	我国体育赛事新媒体转播权市场开发的回顾与展望	2017
张博、张倩	新闻爱好者	中国大型体育赛事新闻报道现状分析与前景展望	2017
方磊、田心睿	运动	基于健康中国2030视角对体育赛事的回顾与展望——以池州市为例	2017
袁秀挺、方帅	私法	体育赛事直播的著作权保护述评	2017
雍明、刘昌亚	当代体育科技	中外景观体育赛事发展探析	2017
陶成武	广州体育学院学报	全媒体时代体育赛事节目营销策略探析	2017
周述雅	东南传播	探析体育赛事节目之著作权保护	2017
吴立川	当代体育科技	国内外大型体育赛事经济影响评估方法的研究述评	2017
王克稳、李慧	体育科学	马拉松赛事旅游的国际研究述评、实践启示与研究展望	2018
刘俊峰、崔永衡	黄冈师范学院学报	"一带一路"节点城市体育赛事比较研究及发展方向探析	2018
刘潇蔚、范海潮	现代视听	体育赛事转播全版权运营模式探析	2018
郭帆	传媒论坛	探析俄罗斯体育赛事与国家形象展示的差异	2018
张山佳	新闻在线	大型体育赛事微博传播路径探析——以新浪微博和腾讯微博为例	2018
李小月	运动	体育赛事营销策略相关研究综述	

续表

作者	发表刊物	文献名称	发表时间
刘梦颖	当代体育科技	我国单项体育赛事项目管理研究——以上海市国际花剑世界杯大奖赛为例	2018
王克稳、李慧、耿聪聪、林莉	体育科学	马拉松赛事旅游的国际研究述评、实践启示与研究展望	2018
宋强	体育科学研究	新时代我国青运会赛事改革与发展展望——兼谈两岸青年体育的融合发展	2018
张丽丽	现代城市	展望大型体育赛事对主办城市文明建设的牵引效应——以张家口市将于2022年承办冬奥会为例	2018
季夏	广西科技师范学院学报	我国体育赛事转播权探析	2018
包大鹏	新闻战线	大型体育赛事在自媒体中的传播路径探析——以新浪和腾讯微博为例	2018
张华生	法制与社会	体育赛事网络转播权利保护探析——播放者权视角	2018
陆佳莉	福建体育科技	互联网和新媒体环境下我国体育赛事转播权侵权的原因探析	2018
张现成、周国龙等	西安体育学院学报	我国赛事产业规范治理的变迁、成效及困境探析	2019
王继强、周加兵	平顶山学院学报	新时期我国民族传统体育赛事发展困境探析	2019
郝海亭、徐晓敏等	北京体育学院学报	大型体育场馆与城市协同发展的路径探析	2019
徐阳	现代营销(下旬刊)	高校体育赛事商业运作策略探析	2019
王晶晶	新闻研究导刊	新媒体对大型体育赛事的助推作用及传播策略探析	2019
赵艺雯	现代商业	论重大体育赛事对地区经济的发展影响及对策——展望北京—张家口冬奥会	2019
张静、罗建英	浙江体育科学	大型体育赛事对城市发展的影响研究综述	2019
邓振杰、李卓嘉	体育科技文献通报	体育赛事消费者行为研究综述	2019
陈叙、郑美艳	浙江体育科学	我国景观体育赛事可持续发展探究的文献综述——以2006—2018年CNKI中文文献为样本	2019
陈明令、王凯	南京体育学院学报	我国体育赛事媒体版权研究进展与趋势展望——基于Cite Space的文献可视化分析	2020

续 表

作者	发表刊物	文献名称	发表时间
郭雅楠	当代体育科技	中国体育赛事志愿者研究现状述评	2021
田玉戈、石振国等	湖北体育科技	回顾与展望：我国大型体育赛事风险研究述评	2022
王意澈、石勇等	体育科研	国内外赛事风险研究综述：基于CiteSpaceV6.1的对比	2022
仇军	体育科学研究	城市体育赛事与城市发展的耦合与互动——《中国赛事产业链与城市发展研究》述评	2022
许忠伟、包倍增	中国体育科技	居民对大型赛事的感知与支持度研究述评	2022

笔者基于以上研究，对我国体育赛事的研究状况进行分类讨论。

1. 关于体育赛事基本理论的研究

本研究梳理了 2000 年以来体育赛事基本理论的相关研究，重点关注以下三方面内容：一是对赛事的定义研究，二是对赛事分类的研究，三是对赛事特征的研究。从研究的逻辑发展来看，应用性研究建立在基础研究之上，基础研究对产生、发展和变革等关键性问题进行解释，起到理论支持作用，基础研究的各种具体情况通过应用性研究来展现，因此，应用性研究的性质和内容也由基础研究的性质和内容来决定。①

我国学术界对体育赛事概念界定并无一致理论，呈现出百花齐放的状态。国内学者在不同时期对体育赛事做出了具有代表性的概念界定，如田麦久教授[2]认为运动竞赛是在裁判员的主持下，按统一的规则要求，组织与实施运动员个体或运动队之间的竞技较量。该观点从运动竞赛过程的关键要素来提炼运动竞赛的概念。可见，我国早期关于体育赛事的概念主要从竞技体育的角度出发，与运动竞赛概念相混淆。改革开放以来，我国由计划经济向市场经济转型，体育赛事也由"举国体制"逐渐向市场化发展，在此过程中——体育赛事的形式也在变化。学者们根据社会的变革发展，对体育赛事的发展、表现形式、参与主体等也做了大量研究，发现随着社会的发展，传统的运动竞赛与体育赛事并非是完全等同的概念。总体上来说，田麦久教授对于运动竞赛的概念界定仅仅局限于体育赛事的场内要素，符合当时的社会发展状况，但是伴随着社会的发展，现代体育赛事展现形式、运动项目等已经逐渐突破了传统运动竞赛的范畴。随着市场经济的发展，各类商业性体育赛事如雨后春笋般涌现，它涉及了赛事赞助、赛事媒介、赛事营销、观众等诸多场外要素，而运动竞赛的概念并未涉及这些商业性赛事的元素。

---

① 叶小瑜.近 10 来我国体育赛事研究热点述评[J].贵州体育科技,2013,110(1):8-12.

所以，当前许多研究者开始尝试把体育赛事看作一个项目，从项目管理的角度对其概念进行界定。还有一类定义则是从逻辑学的视角来对体育赛事进行界定。这一类概念界定的形成主要经历三个阶段，第一阶段是找出与体育赛事相邻近的概念，第二阶段是认真分析邻近概念与体育赛事之间的差别并做出总结，第三阶段是基于前两个阶段的成果对体育赛事的概念进行界定。黄海燕认为体育赛事是指以体育竞技为主题且具有一定期限的集体活动，是在一段时间内发生一次或不经常发生的事件。体育赛事的举办有助于举办地区旅游业的发展、知名度的提高、城市形象的改善，从而影响当地的经济、社会、环境的发展。除以上三种类型的观点之外，还有一类观点认为应该从市场营销学的角度对体育赛事的概念进行界定。这类定义与以上三类关注的焦点不同，它强调消费者，将消费者作为各类体育赛事的核心，认为消费者对体育赛事的需求是体育赛事的出发点，消费者交易的达成是体育赛事价值实现的关键。如：研究者徐琳认为体育赛事是一种营销活动，是体育赛事举办方通过创造、提供产品营销同赛事消费者进行交易，以满足消费者的体育赛事需求。总之，体育赛事界定的模糊性不利于确立正确的学术研究导向，也影响体育赛事研究体系的构建。所以，对于体育赛事概念进行科学准确地界定，研究其内涵和外延，对基本理论体系进行探讨具有现实意义。

2. 关于体育赛事综合影响及其评估的研究

有"奥运商业之父"之称的美国奥林匹克委员会主席彼得·尤伯罗斯于1984年在洛杉矶首创了奥运会商业运作的"私营模式"，在没有政府资金支持的情况下，举办运营奥运会赛事不仅没有亏损，反而实现了历史上首次盈利。在此创举之后，体育赛事经济效益成为一个备受学术界关注的话题。从收集梳理的文献资料看，国内学者们对体育赛事经济影响的探究主要是从宏观层面展开，如易剑东认为，我国体育赛事对社会经济的主要影响是能够刺激相关产业快速发展，国际大型体育赛事的举办能够推动建筑、交通、旅游、金融、通信等产业的发展，众多产业以点带面，全面推进，使一个城市或地区的整个经济发展迸发活力。除此之外，还有部分研究者从体育赛事对社会的发展与影响方面进行了大量探讨，如叶庆晖就体育赛事做出综合分析，他认为现代体育赛事的功能不仅仅局限于赛事本身，而且能体现出以下五个方面的功能：一是促进人类和平，二是参与政治活动，三是丰富文化生活，四是更新传统观念，五是发展人际关系。学者刘书元等，从大型体育赛事与国民幸福指数进行探讨，认为一个国家或地区举办大型体育赛事对于国民幸福指数的提升具有重要的意义。2008年我国举办奥运会以来，绿色奥运深入人心，赛事的绿色发展也逐渐受到学者们的关注，如张林、董胜利等从多方面论述了体育赛事对生态环境的影响，他们呼吁绿色赛事，其研究成果为相关部门提供了有益的参考。随着体育赛事的发展，如何举办赛事，赛事的影响力如何等相关问题同样受到学者们的关注，对体育赛事综合影响的评估研究热度不断增加。它是一个关于体育赛事研究的新领域,相关研究相对比较聚焦,主要集中在应采用什么模型来对体育赛事的综合影响力进行有效、合理的评估。研究者主要采用一种模型或方法对具体的某项体育赛事的综合影响力进行科学的、合理的评估和论证。最具代表的如顾海斌运用GDP模型、庞军运用一般均衡模型、黄荣清运用投入产出模型、黄海燕采用模糊综合评判法等来评估。纵观现有体育赛事综合影响评估的相关研究文献资料,它们具有以下几个方面的特征:一是从研究内容上来看,相关研究总体上呈现出正面丰富、负面不足的现象,即学者们更多关注的是各类型的体育赛事对社会经济发展的积极有益的影响,而对于体育赛事对社会经济发展的消极影响的研究关注并不多,本研究认为这是一种不平衡的现象,消极影响也需要受到高度重视。二是从研究视角上来看,相关研究总体上呈现出重宏观、轻微观、"纵深匮乏"的现象,即学者们更注重探究体育赛事在宏观层面上的影响,而对于体育赛事在中观、微观层面上的影响所进行的探讨分析甚少。三是从评估方法上来看,相关研究工具总体上呈现出"请进来"的现象,即学者们主要借鉴国外体育赛事影响的评估方法和工具,这些工具和方法具有一定作用,但是不能完全适应我国国情,建立符合我国国情的评估方法和工具也是需要探究的内容。

3. 关于体育赛事市场开发的研究

赛事市场开发一直是体育赛事研究的一个热点话题,相关研究主要集中在从理论层面上探讨应运用何种方式开发体育赛事市场。从历史发展的纵向轨迹看,相关研究经历了早期、中期、近期三个探索阶段。第一,体育赛事市场开发的早期研究与探讨主要集中在体育赛事电视转播权这一主题,如邱大卫根据当时的社会发展现状分析了当前我国体育赛事电视转播存在的问题,最后根据我国的现实情况提出了中国体育赛事电视转播的解决方案。石磊、吕明元、张立等研究者从我国的基本国情出发,对大型体育赛事的电视转播权迅猛发展的原因进行了分析,并对其开发模式进行了深入探索,该研究具有一定的时代意义,它为中国体育赛事市场开发电视转播权研究打开了大门。第二,体育赛事市场开发的中期研究主要集中在体育赛事各类资源的开发模式,这一类型的研究中最具有代表性的是我国第一个体育赛事"冠名权"市场开发开创者、上海体育学院教授刘清早的研究,刘教授认为大型体育赛事的无形资产非常丰富,包含有冠名权、特殊标志权、特许权和电视转播权等,体育赛事资源提升可以从以下八个方面的策略着手:加强培育社会基础;加强对无形资产的认识;坚持各方有利原则;重视强化企业引导;组建专业人才队伍;建立健全专门机构;加强法规制度建设;有效拓展开发空间;加强有关科学研究。第三,体育赛事市场开发的近期研究与探讨主要集中在多角度、多元化对体育赛事项目管理、体育赛事品牌、体育赛事服务营销等问题的分析研究。如季浏认为,可以把大型体育赛看作一个运营项目,因为它具有明显的项目营销特征,所以要在我国做好大型赛事的营销工作,最为关键的是需要运营人员全盘考虑相应体育赛事项目的综合性、复杂性和多维性。同样,学者徐曼云对我国体育赛事营销发展的现状与存在的问题做了系统分析,她认为做好大型体育赛事中服务营销的关键是两个方面工作的把握:第一,全面调研,科学合理定价,注重提高赛事服务水平与质量;第二,科学引入赛事质量综合评价体系,尝试赛事营销外包。总体来说,学者们的相关研究成果不管是在理论层面还是在实践层面上,对我国赛事市场开发都有较好的指导作用。但是学者们的研究成果也存有不足的地方,主要表现在研究对象和研究方法上。从梳理结果来看,研究对象主要是大型综合性体育赛事,比如奥运会、亚运会、全运会、省运会等,而对小型体育赛事比如社区体育赛事、民族民间体育赛事、学校体育赛事等的市场开发的探讨甚少。对于这类小型体育赛事而言,制约它们发展的关键因素就是资金不足,这一现状应受到关注。从研究方法来看,部分研究没能及时对体育赛事市场变化进行动态跟踪,研究成果的建议缺乏时效性和可操作性。

4. 关于体育赛事运营管理的研究

改革开放以来,我国各类体育赛事得到了空前的发展,体育赛事组织管理实践的不断丰富为学者们研究其理论提供了丰富的现实素材,同时因为城市举办大型的体育赛事需要对基础设施和体育场馆进行升级改造,因此承办举行大型体育赛事成为一个城市提升竞争力、改善形象、优化产业结构的重要途径之一,当前国内学术界对于相关现象的探索主要从以下两个方面展开。一方面,学者们的研究集中在探索赛事申办的策略和举办体育赛事的论证。如崔颖波团队对于大城市选择举办国际性大型体育赛的原则做了系统的探讨和论述,他们认为每个大型城市都具有与众不同的个性,并呈现出城市内部不同产业发展的不平衡性,每一个城市在面对不同类型和不同规模的国际性体育大赛时都会综合考虑赛事对于促进城市发展的价值,从而决定是否举办相应的赛事,这也是城市选择赛事的重要依据。姚颂平则是选取了我国经济最发达的城市上海做综合分析,对上海如何选择举办大型体育赛事这一问题上给予了战略性的建议,他认为上海除奥林匹克运动会以外不应该承接其他大型综合性运动会。学者陈锡尧与曾剑岚对国际体育大赛申办特点做了深入细致的探究,对成功申办大型赛事的六个关键要素做了总结:一是精心组织筹划申办工作,二是准确把握申办时机,三是提高民众支持率,四是凸显城市特点和优势,五是适应城市经济发展潜力,六是大力展示本土魅力。

另一方面,学者们的研究集中在探索大型体育赛事的运营管理。在这一领域中,学者们较多关注体育赛事运营管理中的安全防范工作。维护社会安全稳定一直以来是我们党和政府重要的工作目标,基于此背景,对于大型育赛事的运行管理也逐渐发展形成了以"竞赛和安全"为中心的模式,因此研究各类大型体育赛事的多种风险及对应的安全防范措施就成为学者们探究的重要内容。如近年来的国家社科基金课题立项的项目"新冠疫情背景下大型体育赛事风险管理的国际实践""基于供给与需求协同的体育赛事网络舆情风险治理""大型体育赛事公共安全风险的整体性治理研究""全民健身视野下我国民间体育赛事综合治理研究"等均体现了该研究领域受到关注的程度。总体上来看,当前我国学者们对于体育赛事运营管理研究的范式相对比较简单,主要是从分析问题到提出对策,问题分析主要是描述性分析,而所提出的对策主要是对国外成熟的体育赛事运营管理方法的单一借鉴。如此一来,局限性表现在两方面,第一,对体育赛事运营管理的问题分析缺少了实证研究;第二,对不同类型的体育赛事运营管理的策略、方案、方法可操作性缺少对中国不同区域实际情况的考察和考虑。

5. 关于体育赛事与城市发展的研究

近年来,关于体育赛事与城市发展这一主题的研究逐渐兴起。相关研究主要集中在以下两个方面:第一,研究者们选取有代表性的体育名城,分析它们的发展过程,证明体育赛事对该城市综合发展的影响或作用。如研究者姚颂平等选取世界著名体育城市——英国曼切斯特、西班牙第二大城市巴塞罗那、荷兰第二大城市鹿特丹、芬兰首都赫尔辛基、意大利第三大城市都灵等,对这些城市的发展道路进行了详细深入的分析与总结,研究结果认为举办最高级别的大型体育赛事是一个城市建设成为中心体育城市的必要条件,城市的更新计划可以与举办国际体育赛事相结合,实现优化升级。研究者陈锡尧对我国国际性都市上海举办的F1赛事做了系统研究,他通过问卷调查,梳理相关数据得出理论,F1赛事推动了上海第三产业的迅速发展,同时该赛事促进了上海及其周边城市消费水平的提高。复旦大学研究者余守文博士在其博士论文中运用体育经济学等相关理论对体育赛事产业与城市竞争力提升的关系进行了研究,他对六届现代奥运会(1992—2012年)的主办城市的发展进行了实证研究,认为城市举办现代奥运会对其综合发展具有三个方面的积极作用:一是具有促进经济增长效应,二是具有优化产业结构效应,三是具有打造城市品牌效应。基于以上的研究,余守文还以我国上海赛车产业为案例进行了论证,发现上海举办F1中国大奖赛等对上海在这三方面的发展明显的促进和提升作用。第二,是研究者根据城市的发展探讨现代城市如何利用体育赛事进行有效营销。该主题的研究主要包含两大主题,第一类主题是对国外城市利用体育赛事的营销经验进行总结和借鉴,如上海体育学院研究者刘东锋从战略背景、实施效果等方面对英国谢菲尔德市利用大型体育赛事成功塑造城市品牌形象进行系统的分析总结,得出了三个方面的经验:① 城市营销要重视周密调研与长远规划;② 大型体育赛事的举办策划应上升到城市规划的战略层面;③ 重视一次性的大型体育赛事举办和连续性品牌体育赛事的培育工作。第二类主题是部分研究者对国内城市利用大型或知名体育赛事进行城市营销的成功案例进行介绍与经验分析。例如,北京市奥运经济研究会的研究者纪宁以北京市借力2008年奥运会提升城市影响力为研究主题,探究北京市依托大型赛事打造城市品牌的经验,研究认为媒体的关注、公众的瞩目是一个城市具有品牌影响力的重要表现形式,提升城市影响力可以借助体育赛事制造媒体舆论,从而进行城市营销。除此之外,华南师范大学的研究者于永慧、中山大学的研究者王越平、长江大学的研究者程维峰等从体育赛事与城市发展的理论逻辑出发，探讨体育赛事与城市发展的关系，并进行实证分析，研究借助体育赛事开展城市营销的系统模式。

综上所述，在关于我国体育赛事的众多研究主题方向中，走在前沿的、具有一定研究优势的研究主题有以下四个方面：一是对体育赛事转播权的研究，二是对体育赛事运作和营销的研究，三是对体育赛事效应评估的研究，四是对体育赛事市场调查的研究；相对研究比较薄弱的主题方向主要有以下五个方面：一是对体育赛事场馆和设施管理的研究，二是对体育赛事人文的研究，三是对体育赛事消费者的相关研究，四是对体育赛事赞助的研究，五是对学校体育赛事和社区体育赛事的研究。从研究成果来看，相关研究比较欠缺的主题方向主要有以下三个方面：一是对体育赛事基本理论问题研究，二是对体育赛事制度的研究，三是对体育赛事风险、法律条例和人力资源管理的研究。总体而言，不同主题的研究的发文量存在较大差异，这反映了学者对我国各类体育赛事研究关注点和存在的问题也存在一定差异，总体可以归纳为以下四个方面。

第一，体育赛事研究总体发展不平衡。从我国体育赛事的研究整体发展来看，从1999年起步到现在的二十多年的时间里，不同时期体育赛事研究主题的侧重点也不同，但总体上，体育赛事研究主题为解决体育赛事中的现实问题，为政府的相关决策提供有益参考。如吕明元、张立、石磊等研究者从不同的视角对我国的大型体育赛事电视转播权相关问题进行了深入分析与探讨，辛利、郑立志、周毅、刘江南、许永刚、王朝辉等研究者对我国竞技体育产业化经营的基本理论和要素开展了相应的研究，柳柏力、张岩对竞赛市场发展状况进行了调查与分析，王跃对体育赛事经营与效益预测进行了探析，等等。以上学者们的研究成果主要是为解决现实困境，提供解决方案与策略，研究为我国起步较晚的体育赛事研究和发展提供了相关的理论支撑。从学者们的研究成果的整体发展态势来看，关于我国各类主题的体育赛事研究虽然数量上都呈现出上升的趋势，但是依然有发展不平衡的问题。主要表现为关于体育赛事的基础理论性研究少，实际应用性研究较多，原因在于我国关于体育赛事的相关研究起步较晚，参与体育赛事举办的社会力量急剧增加，需要解决他们在参与体育赛事的过程中所面对的现实问题。然而，21世纪以来，我国社会、经济、文化飞速发展，伴随着简政放权，体育赛事也迅速发展，中国举办的大赛也成为世界各国关注的焦点，尤其以我国成功举办的奥运会、冬奥会等为代表。我们吸取了大量赛事举办的成功经验，但是我们也发现仍存在许多亟待解决和难以解决的问题。这是因为在研究成果的积累上，我国体育赛事研究与西方发达国家相比起步较晚，缺乏符合我国实际国情的赛事理论体系，所以导致研究者在体育赛事研究过程中容易混淆一些基本问题。

第二，创新性成果较少，学术含量较低。在中国期刊网中查询"体育"或"运动"关键词,发现当前我国与体育或者运动有关的期刊大约有接近70个,其中中文核心期刊有16个,所有体育类学术期刊均刊登过体育赛事研究的论文。深入分析发现,有关体育赛事研究的论文存在缺乏原创性,研究重复等问题。在研究方法上,文献资料分析法和个案分析法是现有的研究多数采用的研究方法,总体上缺少创新。除此之外,研究对象主要是国内体育赛事的相关问题,也有部分聚焦国外体育赛事的研究,但主要还是探讨国外的成功案例对我国体育赛事问题解决的参考意义,对于国内与国外体育赛事的比较、国内不同城市体育赛事的比较、国外不同国家之间的比较研究较少。从整体上来看,我国关于体育赛事的相关研究呈现出的特征是质性研究占主导,量化研究为补充,研究层次偏低,创新性成果较少等。

第三,体育赛事的文化学研究匮乏。1997年我国对竞技体育管理体制进行了实体化运行的管理改革,体育赛事的热潮随之掀起,学者们也随之开始关注。根据期刊论文发文统计数据看,2000—2022年,我国体育类中文核心期刊全部发文中,研究者们对于体育赛事文化学进行探讨与研究的学术论文不足百篇。具有代表性的有柳伟、宋昱、李中庆、李祖明、陈琪等于2022年发表的《成都建设世界赛事名城的战略导向与路径优化》,王啸、马鸿韬、梁瑜洁、沈宏、李敏等人2021年发表的《体育舞蹈赛事文化内涵及建设路径》,朱洪军、张建辉、梁婷婷、周良君、史芙英等人2019年发表的《粤港澳大湾区体育赛事一体化与保障机制研究》。国内各高等教育机构和研究院所的研究者们从不同的视角对体育赛事文化学进行分析研究,拓展体育赛事的无形资产,树立品牌形象,有利于弘扬体育竞赛精神,探索体育发展规律,为各级部门提供咨询服务,促进发展品牌赛事。关于此类问题的研究具有重要的意义,主要体现在两个方面:一方面,从学术理论角度来说,它具有丰富体育科学领域研究与探讨的意义;另一方面,从社会发展现实需求角度来说,它具有促进和谐社会健康发展、加强精神文明建设的现实意义。然而,从现有的文献分析结果来看,目前国内学术界对于体育赛事文化学的关注还是相对较少,对我国体育赛事研究发展的推动力不够明显。

第四,学校、社区体育赛事研究有待加强。学校与社区是我国人口聚集的重要场所,学校体育赛事和社区体育赛事是我国体育赛事的重要组成部分。近年来,随着我国社会、经济、文化的发展和竞技体育的推动,一方面,中国大学生篮球联赛、中国大学生排球联赛等全国性体育竞赛蓬勃发展;另一方面,为满足群众的健身需求,响应健康中国的号召,各类社区体育赛事也逐渐兴起。学校、社区的赛事发展也推动了相应体育赛事研究的发展。清华大学的赵青、邢钰等研究者从大学生体育赛事市场化的形成因素和具体内容两个方面出发,对我国的大学生体育赛事市场化发展现实情况进行深入细致的总结、分析,研究结果认为大学生体育赛事与市场的结合在提高大学生体育运动技术水平和普及校园体育文化等方面发挥着积极的作用。刘建刚和赵剑等研究者对高校如何建设具有影响力的品牌体育赛事进行了全面系统的论述。对社区体育赛事的相关研究主要集中在两个方面:一是研究不同体育赛事的消费者行为,二是研究社区体育赛事活动如何开发和普及等。对于学校体育赛事和社区体育赛事的推广与普及,可以丰富大众的娱乐生活,对推动我国体育事业的发展也有积极的作用。基于实践对相应赛事开展全面、深入、系统的理论与实践研究具有重要意义,现有研究也需要进一步挖掘。

6. 对体育赛事研究的建议

第一,应把基础研究作为体育赛事研究的重点。从研究的逻辑发展看,应用性研究建立在基础研究之上。因此,研究者对于体育赛事进行相关研究首先应该解决基础理论的问题,这样才能更好地指导实践研究,建议在高级别科研项目申报立项中应注重考虑关于体育赛事相关基础理论的研究。另一方面,我们要注重科研队伍实践素养与能力的培养,把理论研究与赛事运作相结合,研究者要具体参与到体育赛事运作中去,在实践中探寻体育赛事各方面的变化发展规律,把理论研究与实践深入结合,避免纸上谈兵的经验总结,从而提高体育赛事研究的科学性和系统性。

第二,应把应用性研究作为体育赛事研究的高地。体育赛事是社会性活动,其相关研究表现出理论与实践紧密结合的态势,研究的最终成果是要指导具体的实践,即赛事运作的实操,所以应用性研究所占比例相对较大。但是,我国体育赛事研究起步较晚,基础研究相对薄弱,我们应从我国的社会、经济、文化等实际情况出发,积极引导体育科研人员创新,根据我国社会发展的现实,结合不同类型体育赛事的发展规模和水平,解决赛事运营管理中的实际问题。相关部门应该注重扶持实用性强、水平高的科学研究项目,产出具有影响力的体育赛事应用性研究成果,并进一步促进研究成果转化与落地,以有效解决体育赛事运作过程中的实际问题。学术界对于体育赛事的应用性研究要不断向多领域、多层次、全方位发展,进一步解决不同类型体育赛事的重点领域中的关键问题,真正做到研究为应用,实践促研究,实现研究成果达到或接近国际先进水平。

第三,应把解决实际问题作为体育赛事研究的突破点。目前,我国各类体育赛事蓬勃发展,充分展现了我国对于健康中国和体育强国的愿景追求。如我们举办过奥运会、冬奥会、青奥会、亚运会、全运会、省运会等综合类赛事,中国足协超级联赛、中国男子篮球联赛、英雄联盟职业联赛、北京马拉松、F1中国大奖赛等单项赛事,中国学生运动会综合型赛事、中国大学生马拉松联赛等单项赛事等,社区赛事有全国社区运动会,以及各类单项常规赛事、科技赛、趣味赛等学生赛事。赛事发展欣欣向荣,但是赛事研究相对滞后,无法满足体育赛事升级与创新的需求,部分研究具有一定的主观性和非普遍性,很难与现实结合,不能够解决赛事的实际问题。所以,应针对不同类型体育赛事运作实践中的关键领域或关键问题,形成对应的科研团队,组织科研攻关,促进科学研究落地,有效解决体育赛事实际问题。

二、国内外知识图谱相关研究内容梳理

(一) 国外知识图谱研究状况分析

知识图谱最早源于文献计量学和科学计量学。20 世纪初,受到基因图谱信息可视化,GIS(地理信息系统)和超文本可视化发展的影响,知识图谱被正式提出。1963 年 Kessler MM 发表了 *Bibliographic coupling between scientific papers* 一文,认为文献之间的聚类内的耦合并非偶然,该文基于科学研究的文献资料进行了大量的分析论述,以证明耦合聚类之间具有高度的逻辑相关性。为今后以文献耦合理论的视角进行知识图谱的绘制奠定了科学的理论基础。[1] 1973 年,Henry Small 在其论文中提出了"文献共被引"的概念。同时,他还定义了共被引强度,即两篇文献共同出现的频率,共引强度越大,联系越密切。文中还具体比较了文献耦合与共被引的异同,该研究为一个学科从文献共被引理论的视角构建其知识图谱奠定了一定的科学理论基础。[2] Henry Small (1985) 发表的 *Clustering the science citation index using co-citations I: Mapping science* 一文是国际知识图谱研究的第一篇论文[3],这篇关于知识图谱的文献具有深厚的理论渊源。陈超美 1999 年的学术专著 *Information Visualization: Beyond the Horizon* 中详细介绍了复杂的和潜在的信息结构是如何通过信息可视化来显示的,还介绍了信息可视化是如何用于分析人类的认知以及社会性活动。2003 年,陈超美的另外一部学术专著 *Mapping Scientific Frontiers* 介绍了虚拟交流、科学地图的基础理论。[4] 次年,她开发出了引入 Pathfinder 算法的 CiteSpace 软件,用可视化的方式展示研究热点及趋势。

(二) 国内知识图谱研究状况分析

2003 年,大连理工大学的刘则渊教授将美国的科学知识图谱引入国内进行,开启了我国知识图谱研究的新纪元。2004 年,他与德国科学计量学家克雷奇默博士联合创办了大连理工大学"网络—信息—科学—经济计量实验室"(WISE 实验室),有关知识图谱的研究在实验室建成后不断涌现。《悄然兴起的科学知识图谱》是我国第一篇公开发表的有关知识图谱研究的文章,作者是刘则渊教授和第一批科学计量学专业博士之

---

[1] Kessler M M. Bibliographic coupling between scientific papers[J]. American Documentation. 1963, 14(1): 10-25.
[2] Small H. Co-citation in the scientific literature: A new measure of the relationship between two documents[J]. Journal of the American Society for information Science. 1973, 24(4): 265-269.
[3] Small H, Sweeney E. Clustering the science citation index using co-citations[J]. Scientometrics, 1985, 7(3): 391-409.
[4] Chaomei Chen. Mapping Scientific frontiers[M]. Berlin: Springer, 2003.

一陈悦[①],刊登在中文核心期刊《科学学研究》的 2005 年第 2 期。2006 年,陈悦博士借助科学知识图谱理论与方法,勾勒出管理学主流研究领域演化发展规律的网络图景。[②] 刘则渊教授的另一位科学计量学博士侯海燕在博士论文中同样使用科学知识图谱的方法,梳理了国际科学计量学的发展脉络。[③] 2009 年,侯剑华博士运用信息可视化软件 CiteSpace 绘制了工商管理学科的科学知识图谱,对工商管理学科从 1992 年到 2004 年的动态发展进行了知识梳理。[④] 2009 年,易高峰、刘盛博、赵文华等运用科学知识图谱的理论和方法探析了 1998—2007 年《高等教育研究》所刊载的论文的研究热点。同年,长沙理工大学的研究者黄维和陈勇运用 CiteSpace 软件绘制知识图谱,运用可视化手段形象地展示了我国 2000—2008 年的教育经济学的研究前沿动向、热点及结构特征。[⑤] 2011 年,蔡建东用 CiteSpace 信息可视化软件绘制了我国教育技术学主干理论演进的科学知识图谱,对 2000—2009 年教育技术学发展的关键路径和各阶段发展特点进行了知识梳理。[⑥] 通过检索发现,国内关于的图谱研究涉及的领域较多,主要有图书情报与数字图书馆、科学研究管理、计算机应用等学科。从研究团队来看,国内最早进行科学知识图谱研究的团队是大连理工大学刘则渊教授的团队。此外,武汉大学的赵蓉英教授团队。南京大学的宗乾进团队也发表了大量有关知识图谱的系列论文。[⑦⑧⑨⑩⑪⑫⑬]

知识图谱建构的主要目的是运用不同的理论方法(共引分析、共现分析、词频分析等)对不同的对象(作者、文献、关键词等)的可视化分析,呈现一个科学学科(或研究主题)的知识结构、研究热点、前沿及其演变过程。

[①] 陈悦,刘则渊.悄然兴起的科学知识图谱[J].科学学研究,2005(02):149-154.
[②] 陈悦.管理学学科演进的科学计量研究[D].大连理工大学,2006.
[③] 侯海燕,刘则渊,栾春娟.基于知识图谱的国际科学计量学研究前沿计量分析[J].科研管理,2009,30(01):164-170.
[④] 侯剑华.工商管理学科演进与前沿热点的可视化分析[D].大连理工大学,2009.
[⑤] 黄维,陈勇.中国教育经济学发展趋势的知识图谱研究[C].//中国教育学系教育经济学分会.2009 年中国教育经济学年会会议论文集.(出版者不详),2009:11.
[⑥] 蔡建东.我国教育技术学主干理论演进的关键路径——基于科学知识图谱的分析[J].现代远程教育研究,2011(01):38-44.
[⑦] 赵蓉英,许丽敏.文献计量学发展演进与研究前沿的知识图谱探析[J].中国图书馆学报,2010,36(05):60-68.
[⑧] 赵蓉英,王静.社会网络分析(SNA)研究热点与前沿的可视化分析[J].图书情报知识,2011(01):88-94.
[⑨] 赵蓉英,王菊.图书馆学知识图谱分析[J].中国图书馆学报,2011,37(02):40-50.
[⑩] 章以金,宗乾进,袁勤俭.我国开放存取研究主题的知识图谱分析——南京大学知识图谱研究组系列论文[J].现代情报,2011,31(05):8-11.
[⑪] 袁勤俭,宗乾进,沈洪洲.德尔菲法在我国的发展及应用研究——南京大学知识图谱研究组系列论文[J].现代情报,2011,31(05):3-7.
[⑫] 潘晨,宗乾进.国内数量经济学 2009 年研究热点分析——南京大学知识图谱研究组系列论文[J].现代情报,2011,31(05):21-24.
[⑬] 童玲玉,宗乾进,袁勤俭.中国 2009 年金融学研究的知识图谱分析——南京大学知识图谱研究组系列论文[J].现代情报,2011,31(05):16-20.

三、知识图谱在国内外体育科研领域中的应用

(一) 知识图谱在国外体育科学研究中的应用

20世纪80年代,科学计量学方法引起了国际体育学术界的关注。学者Ban D在1985年的国际运动信息大会上发表了文章《体育文献的文献计量分析》,之后,文献计量学作为一项重要的研究方向受到广泛关注。1999年,学者Ronnie Lidor[①]通过统计分析,梳理了SPORT Discus和MEDLINE两个数据库收录的老年人体育活动的相关研究。2001年,John O'Connor等学者为探讨有关适应性体育活动教育的学术论文是否符合图书馆学的普莱斯和布拉德定律进行了文献计量分析。2002年,学者Ronnie Lidor等对体育与运动科学文献计量学分析的理论背景和研究应用做了专题研究。2003年,文献计量分析首次应用于期刊论文之外的会议论文集,如第32届北美运动史协会大会美国学者Wilson和Wayne对1973—2001年间协会的文献进行了文献计量分析,并收录于大会的论文集中。20世纪80年代至今,应用科学计量方法的研究日益增多,内容包括期刊评价、各地区科学能力评价、各单位科学能力评价、体育科研人员科学能力评价等多方面。

(二) 知识图谱在国内体育科学研究中的应用

2004年,知识图谱的概念被大连理工大学的刘则渊教授引入国内,随后各高等院校和研究机构相关研究人员逐渐采用该方法对各个领域开展了相应的研究,但是主要的研究成果集中于管理和图书情报两大领域。通过文献资料的梳理发现,在我国首次将知识图谱方法运用到体育科学研究中的学者是福建师范大学王琪博士,他于2010年运用该方法完成题为《西方现代体育科学发展史论——基于知识图谱视角的实证研究》的博士论文,该博士论文运用了科学计量学分析与当时领先的绘制知识图谱的软件,对西方现代体育科学史中的运动训练学、体育教育学、运动生理学、体育社会学等学科进行动态的、可视化的梳理、分析与研究。[②] 除此之外,他还先后参与完成了20余篇有关知识图谱的文章,如2010年在《武汉体育学院学报》第五期发表的《基于知识图谱的国际奥林匹克运动研究现状及发展趋势》[③],2010年在《西安体育学院学报》第五期发表的《科学知识图谱及其在体育科学研究中的应用》[④],2012年在《南京体育学院学报(社会

---

① Ronnie Lidor. Is research on aging and physical activity really increasing? A bibliometric analysis[J]. Journal of aging and physical activity, 1999(7): 182-195.
② 王琪.西方现代体育科学发展史论[D].福建师范大学,2011.
③ 王琪,方千华.基于知识图谱的国际奥林匹克运动研究现状及发展趋势[J].武汉体育学院学报,2010, 44(05):5-10.
④ 王琪.科学知识图谱及其在体育科学研究中的应用[J].西安体育学院学报,2010,27(05):528-531+535.

科学版)》第三期发表的《西方现代体育科学学科结构的演变研究——基于美国〈研究季刊〉1930—2009 年文献共被引网络的知识图谱分析》[①],2014 年在《吉林体育学院学报》第六期发表的《中外体育教育研究现状的比较》[②]。除此之外,东北财经大学的王璟和大连理工大学夏培玲也是国内采用知识图谱对体育科学进行研究相对较早的学者,两位学者应用知识图谱可视化的方法探讨了国外从 2005—2010 年进行高原训练的研究前沿与热点,于 2011 年在《体育科学》第三期发表了题为《基于知识图谱的国外高原训练研究前沿与热点分析》的论文。[③] 2013 年他们再次合作,运用 CiteSpaceV6.1 软件对国际体育政策研究热点进行了可视化分析。[④] 此外,2011 年来自上海体育学院朱昆、赵丙军、王兴运应用科学知识图谱理论和方法,对我国竞技体育后备人才培养研究的时空分布特征、研究热点及演进路径进行了探讨。[⑤] 2012 年,清华大学体育部的王俊杰、王培勇、徐坚等人从 SCIE、SSCI 和 A&HCI 中下载了 1981 年以来研究国外太极拳运动的论文及其相关参考文献,利用 CiteSpaceV6.1 软件对其进行可视化分析,总结了国外太极拳运动研究热点与演化过程。[⑥] 2013 年,北京体育大学的李元、王莉、沈政同样是通过 SCI-E、SSCI 和 A&HCI 下载了 1990—2012 年职业体育研究的全部文献数据,运用信息可视化工具 CiteSpaceⅡ绘制了国际职业体育研究的网络知识图谱,总结出国际职业体育研究前沿和理论演进脉络。[⑦] 西安体育学院的李伟平等人运用 CiteSpaceⅡ软件,对我国体育消费研究热点与前沿进行了探索。[⑧] 2014 年上海体育学院的李芳和司虎克进行合作,收集了 2003—2012 年以"学生体质健康"为主题,收录在 Web of Science 文献库中的论文,利用可视化工具构建知识图谱,探讨分析了国际学生体质健康领域的研究前沿问题与关注的热点。[⑨] 对相关文献资料进行梳理后发现,2010 年以来知识图谱应用于体育的研究逐渐增多,但在体育赛事领域中几乎没有,能查阅到的相关文献只有一篇,这篇文章也只是对体育赛事进行了粗略的研究。

---

① 王琪,黄汉升.西方现代体育科学学科结构的演变研究——基于美国《研究季刊》1930—2009 年文献共被引网络的知识图谱分析[J].南京体育学院学报(社会科学版),2012,26(03):26-33.
② 王琪.中外体育教育研究现状的比较[J].首都体育学院学报,2014,26(02):123-126+144.
③ 夏培玲,王璟.基于知识图谱的国外高原训练研究前沿与热点分析[J].体育科学,2011,31(04):75-80.
④ 王璟,夏培玲.基于 Web of Science 的国际体育政策研究热点可视化分析[J].沈阳体育学院学报,2013,32(01):32-36.
⑤ 朱昆,赵丙军,王兴.我国竞技体育后备人才培养研究热点及演进路径[J].上海体育学院学报,2011,35(06):45-49.
⑥ 王俊杰,王培勇,徐坚,刘峰.基于知识图谱的国外太极拳运动研究热点与演化分析[J].体育科学,2012,32(10):77-84.
⑦ 李元,王莉,沈政.基于知识图谱的国际职业体育研究前沿与理论演进分析[J].北京体育大学学报,2013,36(07):22-29.
⑧ 李伟平,权德庆.我国体育消费研究前沿与热点——基于科学知识图谱的可视化研究[J].西安体育学院学报,2014,31(01):41-44.
⑨ 李芳,司虎克.国际学生体质健康领域的研究热点与前沿[J].首都体育学院学报,2014,26(01):40-45.

第三节 研究技术路线与研究方法

一、研究技术路线

本研究旨在探讨中国体育赛事理论研究的历史演进和理论构建问题,以揭示中国体育赛事理论发展的内在规律和体系结构,刻画体育赛事概念间的关系,并探讨中国体育赛事理论体系的构建。依据各部分研究内容之间的逻辑关系,本研究将遵循图1-1所示的技术路线。

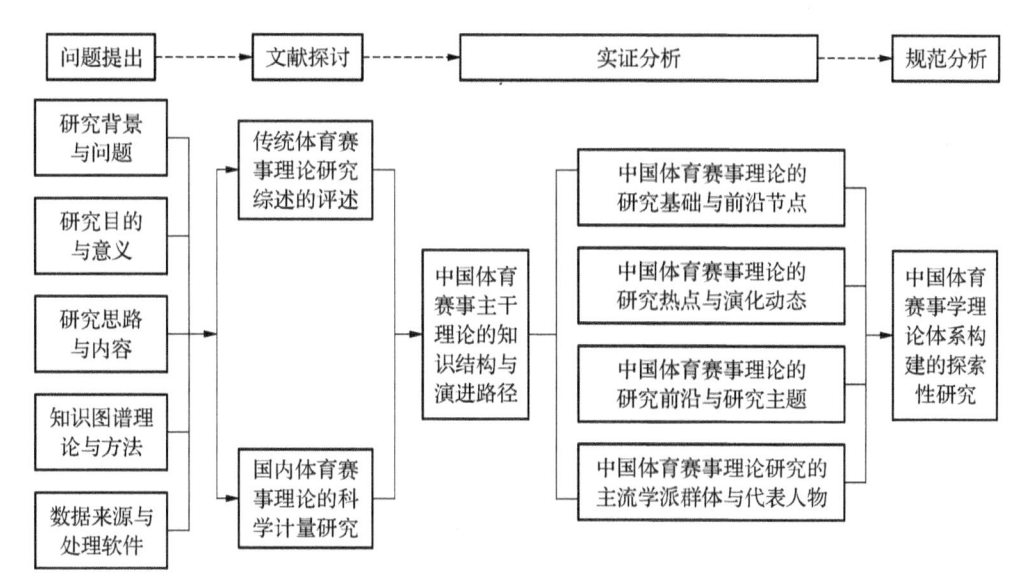

图1-1 研究技术路线图

二、研究方法

(一) 文献计量法

本研究采取计量学的方法,定量地对文献资料的研究前沿热点、文献数量及时区特征、期刊载文量、机构分布等进行统计分析,最大化表征相关文献的知识图谱所载信息。

(二) 知识图谱理论与方法

1. 知识图谱的基本理论

(1) 知识图谱的发展

管理科学与工程主要包括六个学科域,分别是管理科学(狭义)和决策科学、系统工程、工业工程、信息管理与信息系统、工程管理和科技管理(科学学与科学管理)等。其中,科学学与科学管理又包括科学能力学、科研管理学、制度科学学、科学体系学和科学计量学等分支学科。而作为科技史和科学学与科技管理重要分支的科学计量学,它是一门对科学(理论)本身及其产生、传播与利用的量的规律性进行定量研究的学科,它起源于科学学领域中有关科技政策的定量研究,主要集中于对科学(理论)多元化和多样性的定量测度,以及对不同国家、地区和机构的科研能力进行应用研究。由于历史的原因和视角的差异,不同学科专业领域的科研工作者使用了不同的名称来定义这一研究领域,实际上,文献计量学、信息计量学和技术计量学等是一门学科,都是科学计量学。最早对科学的计量研究,始于100多年前自然科学家包括Candolle, Galton, Eales, Hulme和Lotka等对科学(理论)发展的统计分析,他们的研究发现了著名的洛特卡定律、布拉德福定律和齐普夫定律。20世纪60—70年代,科学的计量研究开始成为一门科学,引文分析开始盛行,统计、矩阵和图论等数学工具和计算机技术不断被引入该领域,在此基础上,"科学计量学"这一学科术语正式诞生,这一领域中具有奠基性贡献的学者包括Price, Garfield、纳利莫夫和穆利钦科等。20世纪80—90年代,科学计量学开始从"小科学计量学"向"大科学计量学"形态迈进,出现了多样化的研究层面和子领域,共现分析开始盛行。进入21世纪以后,研究者们将应用数学、图形学、信息科学等学科理论和信息可视化技术等方法,与传统科学计量学共现分析方法相结合,诞生了知识图谱(Mapping Knowledge Domains)理论和方法。它具有理论综合化、方法多元化、信息可视化以及描绘形象化等诸多特征,因而获得了迅猛发展,一跃成为当代科学计量学的研究热点。综上,知识图谱是管理科学的一个重要理论和方法。本文将采用这一理论和方法开展中国赛事理论演进研究。

(2) 知识图谱的定义

知识图谱是显示知识发展进程与结构关系的一系列各种不同的图形,用可视化技术描述知识资源及其载体,挖掘、分析、构建、绘制和显示知识及它们之间的相互联系,在组织内创造知识共享的环境以促进科学技术研究的合作和深入。具体来说,知识图谱是把应用数学、图形学、信息可视化技术、信息科学等学科的理论与方法与科学计量学、文献计量学的共现分析等方法结合,用可视化的图谱形象地展示学科的核心结构、发展历史、前沿领域以及整体知识架构的多学科融合的一种研究方法。它把复杂的知识领域通过数据挖掘、信息处理、知识计量和图形绘制而显示出来,揭示知识领域的动态发展规律,为学科研究提供有价值的参考。

(3) 知识图谱的特征

知识图谱是对基于领域内容的结构进行信息可视化,是科技知识管理中数据挖掘和知识发现的有效手段。它通过对知识领域中各个不同单元间关系的展示,揭示某一领域知识的发展。一些针对结构的可视化是从几何结构角度进行的。如针对超链接结构的可视化,但是从认知角度进行的可视化更加重要,它往往可以通过分析文献内容来进行。这样的可视化系统对用户更为有用。这是知识图谱的重要特征。经过多年的发展,特别是 ISI(美国科学信息研究所)和南京大学等提供的引文数据库使引文结构的大样本统计分析越来越便利,知识图谱已成为实证研究科学共同体结构与发展的主流方法。

(4) 知识图谱的研究对象

知识图谱的研究对象是知识域,是某一知识集合,例如属于某一个范围的一个文献集合就可以称为一个知识域。某一知识领域的科技文献包括论文、专利、调查报告等,一个发展完善的知识领域常常有大量的文献。静态性较强的领域新出现的文献较少,动态的领域中各种各样的文献则不停地出现。知识图谱最常见的研究单元是期刊、文献、作者和关键词(叙词)。它们揭示了同一知识域的不同侧面,使从不同视角分析领域知识成为可能。

(5) 知识图谱的应用领域

知识图谱的主要应用领域包括:① 从事科学技术活动的学术共同体和作为其知识载体的网络;② 某一学科主要研究领域间的内部联系,各研究领域间的知识输入与输出;③ 研究主题的衍生、渗透与扩散趋势;④ 学科领域内显性或编码化的知识(作者、机构、专利、期刊和其他出版物等)之间的关系;⑤ 科学社会网络(科学合作网络)等;⑥ 科学研究领域的动态化(如增长速度多样化等)。由此可见,知识图谱通过使用多种可视化的思维和发现、探索和分析技术来揭示某一知识域的动态发展,将科学知识的复杂领域、学科前沿和新生长点以 2D 或 3D 的图像或动画直观地表达出来,从而为科学知识的组织、检索,为探索科学发展规律,为科学计量学和科技史研究人员弥补专业知识的欠缺和不足,为科研人员如何选择研课题,为科技管理部门对科技领域进行合理布局与投资,提供了新的方法和手段。

(6) 知识图谱的构建过程

知识图谱的构建过程可以概括为:① 确定可视对象,即选择合适的分析单元;确定以何种特性关系来展示对象,即选择可视化效果的对象特点;② 实现抽象信息特征向空间化图形化特征的映射;③ 定义或构建可视化空间,即确定如何把所有的可视化对象映射到选定的空间,如何在有限的空间里有效组织知识单元,如何揭示出不可见的知识关联等;④ 确定可视化图形布局,绘制可视化图形。具体来说,知识图谱绘制需要六个步骤:① 选择合适的研究对象;② 选定要分析的数据,抽取数据;③ 确定数据元素之间关系,构造数据元素关系矩阵;④确定合适的相似度算法对原始数据进行标准化处理;⑤用一定的算法把多维数据在二维或三维空间中聚合并图示出来;⑥对图形进行分析和解释。

2. 知识图谱的具体绘制方法

根据本文研究内容,将采用以下绘制知识图谱的具体方法。

(1) 统计分析

统计分析是本文采用的基本方法,包括对关键词、作者等的频次统计和分析。其中,词频分析方法是本文采取的主要方法之一,依据的基本理论为齐普夫定律:如果把一篇较长文章(约5000字)中每个词出现的频次统计起来,按照高频词在前,低频词在后的递减顺序排列,并用自然数给这些词编上等级序号,即频次最高的词等级为1,频次次之的等级为2……频次最小的词等级为 D(或 L)。若用 f 表示频次,r 表示等级序号,则有 f·r=C,式中 C 为常数。这里的常数并不是绝对不变的恒量,而围绕一个中心数值上下波动。词频分析方法已被许多科学计量学研究者应用于学科前沿的研究。本研究将词频分析方法分别与共引分析、共词分析和社会网络分析等方法相结合,绘制品牌理论的知识结构、研究热点及作者、关键词共现的知识图谱。

(2) 引文分析

引文分析(Citation analysis)是指利用各种数学及统计学的方法和比较、归纳、抽象、概括等逻辑方法,对科学期刊、论文、著者等各种分析对象的引用与被引用现象进行分析,以便揭示其数量特征和内在规律的一种文献计量分析方法。分析对象不同,引文计量(Citation measure)指标也不同。其中,引文率是各种引用分析中最基本的测度。科学文献的相互引用(引用与被引用)是科学发展规律的表现,由科学本身的发展规律和研究活动规律所决定,也是科学活动中普遍存在的一种必然现象。

Rousseau 所著的《信息计量学导论》中介绍了引文标引理论,其基于如下思想:作者对于原先记录的信息的参照表明,前人的很多著作与当前这篇文献的主题是密切相关的。"参考文献"与"引文"是两个不同的概念。如果论文 R 含有使用并描述论文 C 的书目注释,那么论文 R 就含有参照论文 C 的参考文献,论文 C 具有来自论文 R 的引文。或者说,参考文献是一篇文献对另一篇文献的答谢,引文是一篇文献从另一篇文献所得到的答谢。引文分析理论和方法可以用于测定学科的影响和重要性,研究学科情报源分布,确定核心期刊,研究科学交流和情报传递规律,研究文献老化和情报利用规律,研究情报用户的需求特点,进行科学水平等的评价。

(3) 共现分析

共现分析(Co-citation analysis)是将各种信息载体中的共现信息量化的分析方法,以揭示信息的内容关联和特征项所隐含的寓意。相同类型特征项的共现包括论文共现、关键词共现、作者共现、期刊共现等;不同类型特征项的共现包括直接关联,如论文与论文作者共现,以及间接关联,如机构与关键词共现、作者与关键词共现等。

1973年,Small基于文献耦合分析科学结构时的缺陷,提出了文献共引分析方法。共引分析,也称共被引分析。当两篇文献共同出现在第3篇文献的参考文献目录中时,这两篇文献就成为被共引的关系。共引频率是这两篇文献一起被引用的频率,频次越多,表明它们之间的关系就越密切,"距离"也就越近。利用现代的多元统计技术如因子分析、聚类分析和多维尺度分析等,则可以按这种"距离"将一个学科内的重要文献加以分类,从而鉴别学科内的科学共同体或无形学院,绘制"科学知识图谱",使之可视化。与传统的研究者个人归纳、访谈调查等主观分类方法相比,共被引分析最大的优势是它的客观性、分类原则的科学性和数据的有效性。共引分析具动态性、前瞻性、网状非线性等特点。共引分析可用于对学科结构、学科间联系和交流以及学科发展历史作定量的动态分析。建立在共引强度和耦合强度基础上的文献聚类分析逐渐发展成为当前科学计量学最活跃的研究领域之一。

当前,共引概念已经泛化。根据分析对象,除文献共引外,可将共引延伸至作者共引、期刊共引和学科共引分析等。其中以文献和作者共引分析研究最为突出。共引分析作为一种信息分析方法,从引文的角度分析知识单元如文献、作者、期刊等的相互关系,揭示知识单元间的微观主题关系、中观的学科结构和宏观的科学结构,从而将文献信息所反映的知识领域的关系可视化,提供了一个探索科学结构本身即学科内部相互关系和发展脉络的全新思路。本文主要采用文献共引分析方法。它主要体现了同引的参考文献之间的结构关系,从而反映学科之间的某些联系。通过文献的共被引相关群的分析,可以研究科学文献体系的特征结构以及分布、利用等方面的规律。通过文献共引群体网络及其变化,可以研究学科之间的相互关系、联系特征,推测学科或专业的发展变化状况及趋势等。

(4) 社会网络分析

社会网络分析(Social network analysis, SNA),也称为"结构分析",是一个横跨多学科的交叉科学方法,其主要理论依据来源于数学和计算机技术。在社会网络分析中,行动者之间的关系成为研究的第一要素,个体的属性是第二位的。此分析方法在科学计量学领域也得到了应用,如分析科学研究中的合作关系网络、期刊的引用及被引关系网络等。可以进行个体网分析和整体网分析,通过整体网分析可以揭示该网络的结构特性,如网络的构成、规模、密度、中心性、凝聚子群、核心边缘结构等一系列量化特征。社会网络分析方法最常用的是K核分析。K核分析是社会网络研究中凝聚子群的一种,凝聚子群是满足如下条件的一个行动者子集合,即在此集合中的行动者之间具有相对较强、直接、紧密、经常的或积极的关系。K核是建立在点的度数基础上的凝聚子群概念,是通过对网络子群中的每一个成员的邻点个数进行限制而得到的。K核指的是满足一个条件的子图,即子图中的点都至少与该子图中的K个其他点邻接。通过改变K的值,就会得出不同的子图。随着K的增加,K核的子图成员会逐渐减少,而成员之间的关系会更紧密。本文将运用 SNA 方法构建作者合作共现图谱。在社会网络分析中,把由一类行动者集合(模态)与另一类行动者集合(模态)之间的关系构成的网络称为 2-模网络。如果一个模态为行动者集合,另一个模态为这些行动者所参与事件的集合,则称这样的 2-模网络为隶属网络。通过对隶属网络的研究,可以表明行动者和事件相互之间的关系;通过行动者而形成的事件之间的关系;通过事件而产生的行动者之间的关系。本文选择"作者"和"主题词"两项文献特征来构建 2-模网络模型。

三、数据来源及处理软件

本文分析数据来自 CSSCI 数据库中的文献,选择高级检索进行源数据检索,检索策略是:TS=(篇名=体育赛事或赛事)或者(关键词=体育赛事或赛事),检索时间范围是 2000—2022 年,筛选共得到 789 条符合条件的检索记录(检索时间 2022 年 12 月 19 日)(见表 1-4)。本文采用陈超美教授开发的信息可视化软件 CiteSpace。

表 1-4 体育赛事数据来源

	内　　容
数据库	中文社会科学引文索引 Chinese Social Sciences Citation Index(CSSCI)
检索词	(篇名=体育赛事或赛事)或者(关键词=体育赛事或赛事)
时间跨度	2000—2022 年
语种	中文
文献类型	期刊文献
检索结果	798 筛选得 789

第二章
中国体育赛事主干理论的知识结构与演进路径

21世纪以来,我国先后举办了北京奥运会、广东亚运会、上海F1大奖赛、中国网球公开赛、南京青奥会和北京冬奥会等世界顶级体育赛事,这些体育赛事的成功举办使我国的体育赛事实践有了新的发展,对我国体育赛事理论的创新和发展产生了重大的推动作用。体育赛事经济学、体育赛事经营与管理、大型体育赛事媒体运行理论等理论陆续出现,开启了我国体育赛事领域理论体系构建的进程。本章利用2000—2022年CSSCI期刊数据,绘制基于关键词共现网络和聚类关系的中国体育赛事理论的知识结构图谱,展示中国体育赛事主干理论知识结构的动态演化过程。

第一节 中国体育赛事研究文献数量与时区演化分析

学术文献数量的变化趋势是评价某一科学领域发展的重要尺度。[①] 2022年12月19日,按照(篇名=体育赛事或赛事)或者(关键词=体育赛事或赛事),对CSSCI数据库来源期刊收录的2000—2022年体育赛事理论研究文献及其关键词进行检索,除去与本研究无关的10篇文献,获得体育赛事理论研究文献789篇(见表2-1),进而得到中国体育赛事理论研究文献的发展趋势(见图2-1)。总体而言,近20年体育赛事领域的文献数量呈现上升趋势,说明我国体育赛事研究逐渐受到学术界的重视。其中,2000—2004年,每年的发文量始终保持在1~10篇;2005—2013年,发文量呈现直线上升态势,该阶段发文数量和体育赛事词汇数量都在快速持续增长,这说明这一时期有关体育赛事内涵和外延的理解在不断扩大;2014—2018年,虽然文献数量呈现回落态势,但每年发文量保持在40篇左右;2020年文献数量达到了最高

---

① 李芳,司虎克,尹龙.中外体育教师教育研究前沿与热点对比分析[J].首都体育学院学报,2015,27(4):327-335.

值75篇,该趋势符合普莱斯增长曲线规律,说明体育赛事研究逐步发展并走向成熟。

表2-1 中国体育赛事理论研究文献数量的时间分布列表(2000—2022年)

序号	年份	发文量	序号	年份	发文量
1	2000	6	13	2012	60
2	2001	0	14	2013	65
3	2002	1	15	2014	40
4	2003	8	16	2015	45
5	2004	2	17	2016	40
6	2005	12	18	2017	32
7	2006	30	19	2018	48
8	2007	31	20	2019	38
9	2008	36	21	2020	75
10	2009	45	22	2021	50
11	2010	39	23	2022	28
12	2011	62			

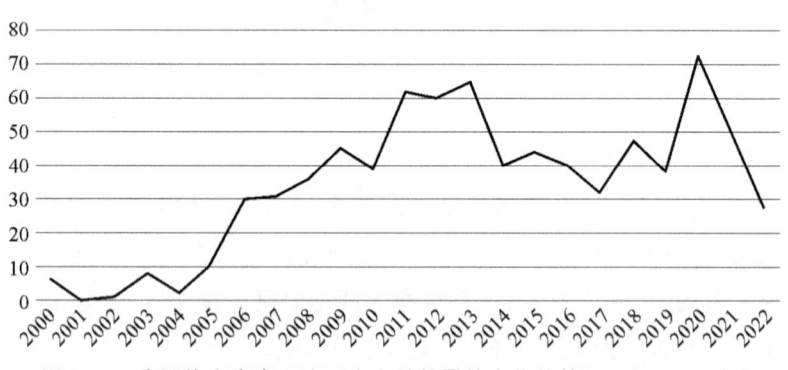

图2-1 中国体育赛事理论研究文献数量的变化趋势(2000—2022年)

根据图2-1中国体育赛事理论研究文献的数量变化趋势,可以将2000—2022年间中国体育赛事理论的发展历程划分为学习引进期、消化吸收期、模仿创新期三个阶段,见表2-2。

表2-2　中国体育赛事理论的发展历程(2000—2020年)

发展阶段	划分依据与发展特点
阶段一 学习 引进期 (2004以前)	体育赛事的概念是从"运动竞赛"演变而来的,在不同阶段人们对体育赛事的认识是不相同的。在这一阶段,社会主义市场经济体制的建立与国际体育赛事的商业化发展为中国的体育比赛走向市场提供了内部和外部的基本条件。[①] 1998年国家体委进行了机构调整,撤销主管项目的业务司,成立独立的运动项目管理中心,这一转变为建立竞赛市场、发展体育产业创造了有利条件,实现了竞赛管理体制由行政管理向经营开放的转变。2002年,国家体育总局体育信息研究所经过筛选和比较编译了 The Ultimate Guide to Sport Event Management《体育赛事经营管理》。这一时期专业的营销教学和研究队伍开始形成,体育学者开始关注和学习国外营销学的专著,如格鲁诺斯·克里斯蒂的《服务市场营销管理》,科特勒·菲利普的《市场营销原理》。从科学研究成果方面来看,这一时期体育赛事的科研文献有了一定积累,但是文章质量不高,高水平论文较少,且发文量也每年仅小幅上升。同时,也出现了体育赛事的相关著作,如2003年陈开云出版的专著《赛事经营管理概论》。2004年纪宁、巫宁出版的《体育赛事的经营与管理》是国内第一部系统探讨体育赛事经营与管理的著作。
阶段二 消化 吸收期 (2005— 2011年)	在这一阶段,体育赛事成为很多城市政府关注的重要工作,尤其是2008年北京奥运会,北京奥运组委会做了大量的前期准备工作。部分高校开始设立体育赛事科研机构,如上海体育学院2007年成立了全国第一所"产学研"一体化的研究机构,该研究中心专门从事体育赛事领域的学术研究。上海体育学院经济管理学院领先国内其他高校,开设了具有实操性的体育赛事经营管理类相关课程,并开始了相关专业如体育产业经营管理专业方向的硕士和博士研究生的培养。2005年在体育学一级学科中增列"体育赛事运作"硕士点。伴随着硕士点的开设,研究生招生的扩招,在相关导师的带领下,学生等成员构成了体育赛事相关学术研究的中坚力量。团队的组建使研究的内容也逐渐全面,涉及了体育赛事的各个方面。并且这一时期发表的论文数量在持续上升,发表在核心期刊上中的高水平论文也开始逐渐增多。总体上关于体育赛事的学术研究出现了新的增长势头。关于体育赛事的教材和相关理论著作也有新的突破,如2005年肖林鹏、叶庆晖合著的《体育赛事项目管理》,2006年刘清早的《体育赛事运作管理》,2006年李南筑的《体育赛事经济学》,2007年王守恒的《体育赛事管理》,2007年杨黎明、余宇合著的《体育赛事合同》,2008年易剑东的《大型体育赛事报道与媒体运行》,2008年杨铁黎的《转型期我国体育赛事市场化运作特征与对策研究》,2010年阎立亮的《环渤海体育旅游带的构建与大型体育赛事互动的研究》等。

---

① 刘希佳.我国高水平单项体育赛事组织结构的理论研究与实证分析[D].河北师范大学,2007.

续　表

发展阶段	划分依据与发展特点
阶段三 模仿 创新期 （2012年以后）	随着北京奥运会的成功举办，对体育赛事理论的需求也更加强烈，体育赛事领域研究迎来了一个新的发展机遇。2011—2022年，先后有15项有关体育赛事主题的国家社科基金课题立项，内容涉及体育赛事与城市发展、媒体运行与新闻服务、网络营销、转播权开发与保护以及民族体育赛事等方面。这些研究主要采用国际主流学界认可的规范研究方法和技术路线，同时结合我国的国情，发展中国特色的体育赛事理论与实践。许多高水平研究成果发表在国内外核心期刊，并且有部分研究成果发表在国际顶级学术期刊上。相关专著和教材也大量涌现，如2012年张林、李延超的《中国民族民间体育赛事研究》，2013年黄海燕的《体育赛事与城市发展》，2022年昝胜锋、朱文雁合著的《体育赛事双边市场构建与竞争研究》，2015年柴王军的《体育赛事与城市营销》，2016年曾静平的《商业体育赛事论》，2017年刘丽娜、孔庆波的《大型体育赛事与传播媒介的互利共生研究》，路静的《大型国际体育赛事的公共外交研究》，黄海燕的《体育赛事与城市旅游业互动发展研究》，2018年恒一、钱浩的《电子竞技赛事运营与管理》，姚远的《中国学校篮球赛事研究》，2019年郑志强的《中国赛事产业链与城市发展研究》，赵旭的《大型赛事的风险管理与保险》，2021年胡家镜的《体育赛事与城市耦合发展研究》，2022年刘旭东的《体育赛事文化与运营管理研究》等。

第二节　中国体育赛事研究期刊载文量及文献基金分析

　　统计发现体育赛事研究的789篇文献分别刊载在50本期刊中。按载文量多少依次为上海体育学院学报、北京体育大学学报、武汉体育学院学报，见表2-3。

表2-3　我国体育赛事期刊载文量分布表（2000—2020年）

序号	期刊名称	载文量	序号	期刊名称	载文量
1	上海体育学院学报	100	7	成都体育学院学报	44
2	北京体育大学学报	87	8	体育学刊	42
3	武汉体育学院学报	82	9	中国体育科技	33
4	西安体育学院学报	69	10	天津体育学院学报	32
5	体育与科学	55	11	体育文化导刊	30
6	体育科学	54	12	沈阳体育学院学报	22

　　通过对文献支持基金的分布统计可知，国家级基金为120项，其中国家社科基金占总数的52.35%（73项）；上海市重点学科建设基金占总数22.5%（27项）；国家体育总局体育社会科学、软科学研究项目为9项，占比为7.5%。详见表2-4。

表 2-4 体育赛事研究基金情况表(2000—2020 年)

序号	基金名称	数量(项)	序号	基金名称	数量(项)
1	国家社会科学基金	121	13	上海市自然科学基金	2
2	上海市重点学科建设基金	32	14	湖北省教委科研基金	2
3	国家体育总局体育社科软科学研究项目	9	15	中国博士后科学基金	1
4	上海市科技攻关计划	6	16	全国教育科学规划	1
5	湖南省社会科学基金	6	17	河南省软科学研究计划	1
6	跨世纪优秀人才培养计划	6	18	天津市教委基金	1
7	上海科技发展基金	6	19	陕西省教委基金	1
8	江苏省科委社会发展基金	6	20	湖南省教委科研基金	1
9	江苏省教育厅人文社科基金	5	21	广东省自然科学基金	1
10	国家自然科学基金	3	22	山东省软科学研究计划	1
11	高校博士学科点专项科研基金	2	23	湖北省软科学研究计划	1
12	辽宁省教育厅高校科研基金	2	24	国家科技支撑计划	1

第三节 中国体育赛事研究机构分析

研究机构分布特征与合作情况的分析可以为该领域人才的选拔培训与学术交流合作等提供重要的参考价值。根据我国体育赛事文献机构的统计分析结果可以看出，我国对体育赛事的研究者主要来自各地区的专业类体育院校和综合类大学的体育学院。但是，从合作频次看，各机构独立研究较多，机构间合作研究较少，已经形成稳定的合作群体比较少；从合作类型看，已有的，稳定的机构间合作呈现出明显的以相邻地区或机构合作为主体，跨地区合作为补充，合作频次较少。本研究通过中国知网梳理统计了发文量前十的机构(见表 2-5)，10 家单位发文总量达到了 565 篇，占到体育赛事研究文献总量的 38.49%，发文量排名前三的机构分别是上海体育学院(161 篇)、北京体育大学(82 篇)、首都体育学院(79 篇)，最少的是中国矿业大学体育学院，共计 25 篇，第一名的发文量是第二名和第三名发文量的总和，与后面机构的发文相比更是遥遥领先。据了解，上海体育学院成立了体育赛事研究中心科研平台，云集了体育赛事领域的众多研究者，该平台的成立对推动体育赛事研究发展有重要作用，也是当前我国对体育赛事进行研究的重要阵地。

表2-5 我国体育赛事研究机构文献分布表(前十位)

序号	机构名称	发文量	序号	机构名称	发文量
1	上海体育学院	161	6	山东大学体育学院	38
2	北京体育大学	82	7	武汉体育学院	35
3	首都体育大学	79	8	苏州大学体育学院	29
4	华中师范大学体育学院	65	9	南京体育学院	28
5	南京大学体育科学研究所	46	10	中国矿业大学体育学院	25

第四节 中国体育赛事理论知识结构

词频一般是指用来表征文献中心思想和核心内容的关键词或主题词。通过绘制知识图谱，不仅可以统计某一研究领域中的某个关键词或主题词的频次，而且还能够呈现出两个或多个关键词或主题词之间的共现频次及网络关系，并通过选择聚类功能揭示某个研究领域的知识结构。设置相应的参数（节点类型选为关键词，阈值为25），运行CiteSpaceV6.1可获得我国体育赛事研究理论的关键词共现网络知识图谱（见图2-2）。表2-6是采用CiteSpace软件处理得到的频次和中心度排名前30位的关键词。

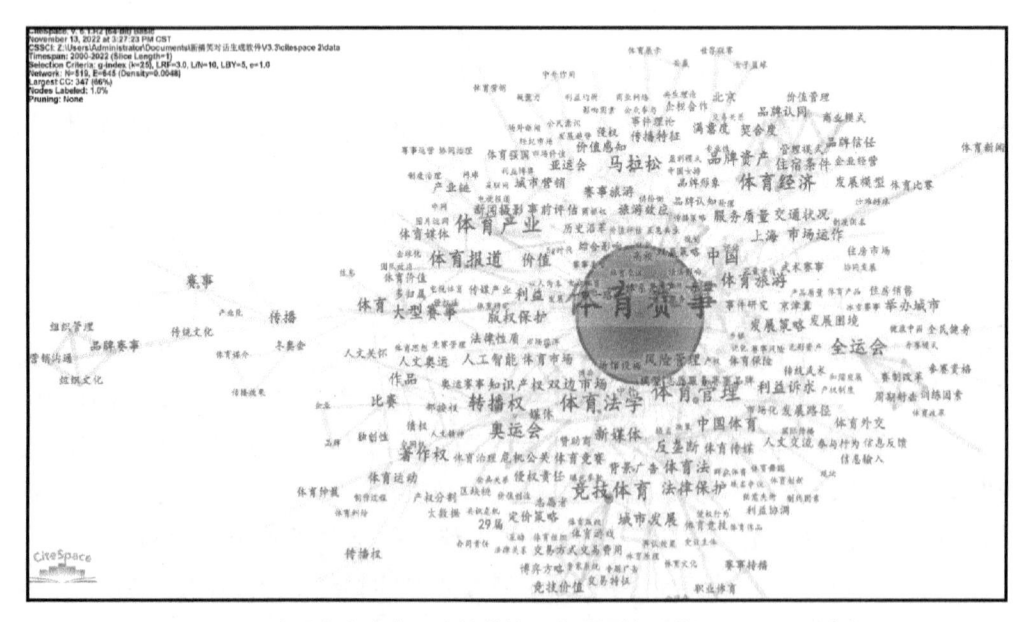

图2-2 中国体育赛事理论的关键词共现网络图谱(2000—2022年)

表 2-6 高频关键词和高中心关键词 CSSCI(2000—2022 年)

排名	关键词频次	关键词中心度	时间	关键词名称
1	243	0.68	2000	体育赛事
2	20	0.48	2000	体育产业
3	16	0.08	2007	体育管理
4	12	0.07	2005	竞技体育
5	10	0.15	2007	体育法学
6	10	0.04	2017	马拉松
7	10	0.19	2008	转播权
8	8	0.05	2002	体育经济
9	8	0.05	2003	奥运会
10	8	0.01	2015	作品
11	8	0.08	2005	全运会
12	8	0.05	2009	城市发展
13	8	0.02	2000	体育报道
14	7	0.00	2018	独创性
15	7	0.09	2000	大型赛事
16	7	0.02	2012	赛事
17	7	0.32	2006	体育
18	6	0.03	2009	反垄断
19	6	0.03	2012	中国
20	6	0.02	2005	法律保护
21	6	0.06	2010	传播
22	6	0.05	2015	知识产权
23	6	0.03	2015	著作权
24	6	0.05	2005	风险管理
25	6	0.11	2006	中国体育
26	6	0.15	2011	新媒体
27	6	0.01	2011	体育法
28	5	0.00	2013	法律性质
29	5	0.01	2022	体育赞助
30	5	0.01	2022	奥运会
31	5	0.01	2005	市场化

在图2-2所示知识图谱的基础上,启动软件中的聚类功能,根据匹配关键词的紧密程度,会自动显示81个匹配关键词的聚类簇群,并将形成聚类关系的关键词用不同颜色填充,形成"聚类面积"的可视化(见图2-3)。此外,当软件中的关键词功能被启用时,每个集群中的关键词都会显示在结果图的集群中。图2-3显示了高频关键词、高中心性关键词、关键词的共现关系以及一些高频关键词的聚类关系。通过显著的洞察效果,我们可以快速识别出具有较强解释意义的关键节点,通过对这些关键节点的分析,我们不仅可以确定中国体育赛事学研究领域的知识结构,还可以发现其他测量方法无法捕捉到的新规律和新现象。

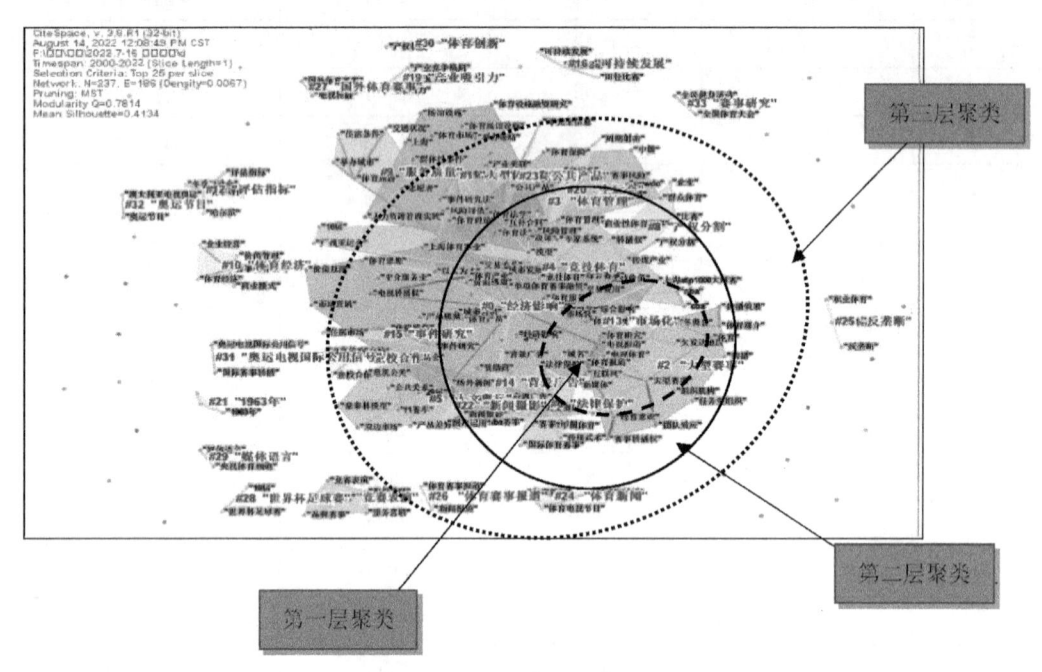

图2-3 基于关键词共现的中国体育赛事理论的聚类知识图谱(2000—2022年)

基于上述统计,收录在CSSCI中的789篇体育赛事文献分布在10个学科当中,包括体育学的677篇、新闻学与传播学的36篇、经济学的17篇、法学的36篇、图书馆情报与文献学的12篇、艺术学的6篇、管理学的2篇、教育学的2篇、哲学的1篇和心理学的1篇等。这表明体育赛事理论研究是一个综合性交叉领域,兼具基础性和应用性。通过对图2-3的分析发现,整个图谱被分成三个层次的聚类群。各大聚类群的核心研究主题分别与"体育—社会—经济""管理—传播—法律—文化""范畴—对象—外延"等有关,这表明近二十年来中国体育赛事研究以"专门""应用"和"范畴"等三大维度为主要研究内容。其中最内层聚类群中的节点关键词包括"体育产业""产品质量""经济影响""GDP""产权""交易方式""交易费用""城市发展""竞技价值"等,这些关键词大多都与体育学、社会学和经济学等学科有关,相关研究以应用基础研究为主。第二层聚类群中的节点关键词包括"体育管理""风险管理""公共关系""体育赛事转播""体育媒介"

"体育法学""互补合同""体育赞助""中介服务业""人文奥运""人文精神"等。这些关键词大多与管理学、传播学、法学和文化学等学科有关,以应用研究为主导。第三层聚类群中的节点关键词包括"大型体育赛事""商业性体育赛事""高校赛事""品牌赛事""群众体育""豪泰林模型""双赢模式"等。这些关键词大多与心理学、行为学、社会学、经济学、管理学、新闻学与传播学、法学、体育学和文化学等学科有关,相关研究以赛事(范畴—对象—外延)综合研究(包括应用基础、应用和发展研究等)为主。而散落在四周的部分小节点与三个维度均有关。包括与第一维度相关的"体育经济""商业模式"等关键词,与第二维度相关的"企业经营""组织管理""电视转播"等关键词,以及与第三维度相关的"赛事评估""国际赛事转播"等关键词。

一、专门维知识结构分析

运用体育学、社会学和经济学等学科理论研究体育赛事的相关基本问题,一直是体育赛事的基础性研究的方向。通过对图2-3中81个聚类簇群的分析发现,迄今在中国赛事理论应用基础研究领域已形成了三大知识群,分别是体育赛事经济学理论知识、体育赛事社会学理论知识和运动竞赛学理论知识(见表2-7)。

表2-7 中国体育赛事理论概念性知识结构分布列表(2000—2022年)

知识群	簇标识	核心关键词(频次/中心度/首现年份)	
体育赛事经济学	#1	体育市场(4,0.01,2007)	产业关联(1,0.00,2006)
	#10	体育经济(4,0.00,2002)	商业模式(1,0.00,2002)
	#0	体育产业(10,0.02,2000) 产品质量(1,0.00,2007) 价值规律(1,0.00,2008) 产权(1,0.00,2007) 交易关系(1,0.00,2022)	经济影响(4,0.01,2009) GDP(1,0.00,2009) 体育产品(1,0.01,2007) 价值感知(1,0.00,2022)
	#4	交易方式(1,0.00,2005) 交易特征(1,0.00,2005)	交易费用(1,0.00,2005)
	#20	无形资产(4,0.02,2013)	
	#39	市场运作(3,0.00,2007)	
	#5	双边市场(2,0.00,2008) 豪泰林模型(1,0.00,2008)	产品差异化(1,0.00,2008)
	#8	产权分割(1,0.00,2008)	
	#42	5p型的赛事产业(1,0.00,2012)	
	#43	价值要素(1,0.00,2022)	

续 表

知识群	簇标识	核心关键词(频次/中心度/首现年份)	
体育赛事经济学	♯23	公共产品(1,0.01,2006)	
	♯48	产品生命周期(1,0.00,2008)	
	♯19	产业吸引力(1,0.00,2009)	产业竞争格局(1,0.00,2009)
	♯30	产权制度(1,0.00,2008)	
	♯79	价值评估(1,0.00,2008)	
体育赛事社会学	♯36	国家形象(3,0.00,2011)	
	♯77	社会影响(3,0.00,2011)	
	♯12	赛事评估(2,0.00,2004)	
	♯47	上海旅游业(1,0.00,2013)	
	♯9	体育旅游(1,0.03,2022)	
	♯4	城市发展(9,0.04,2010)	
	♯15	住房市场(1,0.00,2022)	住房销售(1,0.01,2022)
运动竞赛学	♯4	竞技体育(13,0.01,2005)	竞技价值(2,0.00,2013)
	♯7	竞赛表演(1,0.00,2013)	
	♯8	比赛(3,0.01,2008)	
	♯25	职业体育(4,0.00,2011)	
	♯20	周期射击(1,0.00,2005)	
	♯16	田径比赛(1,0.00,2005)	田径运动(2,0.00,2003)
	♯34	体育比赛(2,0.00,2006)	
	♯64	优秀运动员(1,0.00,2008)	

备注:首现年份是指该关键词首次进入前25位的年份。

二、应用维知识结构分析

运用管理学、传播学、法学等学科已有的定律、原理和规律来创建和管理体育赛事,一直是体育赛事理论发展的重要方向。通过对图2-3中81个聚类簇群的分析发现,应用维研究领域已形成了五个知识群,分别是体育赛事组织管理理论知识、体育赛事营销理论知识、体育赛事传播理论知识、体育赛事法律保护理论知识和体育赛事文化理论知识(见表2-8)。

表 2-8　中国体育赛事理论程序性知识结构分布列表（2000—2022 年）

知识群	簇标识	核心关键词（频次/中心度/首现年份）	
体育赛事管理	#3	体育管理(13,0.09,2007) 志愿服务(3,0.01,2012) 管理模式(1,0.01,2005)	风险管理(8,0.09,2005) 赛事风险(3,0.01,2012)
	#1	风险评估(5,0.00,2011) 决策(2,0.00,2012) 体育设施融资研究(1,0.00,2003)	志愿者(4,0.01,2008) 人力资源管理实践(1,0.00,2009)
	#4	群体性事件(4,0.00,2013)	
	#5	危机公关(3,0.00,2003)	公共关系(1,0.00,2003)
	#7	组织管理(3,0.00,2003)	
	#9	服务质量(3,0.04,2022) 住宿条件(1,0.00,2022)	交通状况(1,0.00,2022)
	#10	价值管理(1,0.00,2002)	
	#2	组织机构(2,0.01,2010)	任务型组织(1,0.00,2022)
	#17	行政管理体制(2,0.00,2011)	
	#68	优化配置(2,0.00,2022)	
	#45	竞赛管理(1,0.01,2005)	
	#63	swot 分析(1,0.00,2022)	
	#0	单项体育赛事融资(1,0.00,2005)	
	#19	五力模型(1,0.00,2009)	
体育赛事传播	#6	新媒体(3,0.00,2011)	
	#2	体育报道(8,0.02,2000) 电视报道(1,0.01,2002) 传播效果(1,0.00,2010)	电视体育(2,0.01,2003) 传播(1,0.00,2010) 体育媒介(1,0.01,2022)
	#25	赛事转播(5,0.00,2011)	
	#26	体育赛事报道(3,0.00,2006) f1 赛事转播(1,0.00,2007)	新闻报道(2,0.00,2006)
	#24	体育新闻(3,0.00,2007)	体育电视节目(1,0.00,2007)
	#22	新闻摄影(2,0.01,2000) 图片运用(1,0.00,2000)	场外新闻(1,0.02,2000)
	#27	电视转播(2,0.00,2005)	
	#32	奥运节目(1,0.01,2005)	澳大利亚电视奥运(1,0.01,2005)
	#31	奥运电视国际公用信号(1,0.00,2005)	国际赛事转播(1,0.00,2005)
	#11	电视传播规律(1,0.00,2003)	

续 表

知识群	簇标识	核心关键词(频次/中心度/首现年份)	
体育赛事传播	#29	央视体育频道(1,0.00,2003)	媒体语言(1,0.00,2003)
	#14	专题广告(1,0.00,2009)	
	#74	体育节目(1,0.00,2009)	
体育赛事法律保护	#6	法律保护(7,0.01,2005)	
	#3	体育法学(6,0.00,2007) 法律性质(2,0.00,2013)	体育法(3,0.03,2013) 体育保险(1,0.00,2003)
	#0	电视转播权(17,0.02,2000)	
	#23	互补合同(1,0.02,2006)	
体育赛事营销	#14	背景广告(5,0.02,2009)	
	#0	赞助商(3,0.00,2009) 市场营销(1,0.00,2003)	中介服务业(1,0.00,2007)
	#72	体育赛事赞助(3,0.00,2010)	
	#18	双赢策略(2,0.00,2004)	
	#7	服务营销(2,0.00,2003)	
	#2	经营意识(1,0.01,2000)	
	#10	企业经营(1,0.00,2002)	赛事项目公司(1,0.00,2002)
	#56	中介作用(1,0.00,2012)	
	#67	体育营销(1,0.00,2007)	
体育赛事文化	#5	人文奥运(2,0.00,2006) 人文精神(1,0.01,2006)	人文关怀(1,0.00,2006)
	#0	以人为本(1,0.01,2010)	
	#53	传统文化(1,0.00,2010)	
	#59	体育精神文化(1,0.00,2009)	

备注：首现年份是指该关键词首次进入前25位的年份。

三、范畴维知识结构分析

　　以体育赛事的不同范畴、对象或情境等为研究对象,独立或综合运用社会学、经济学、管理学等学科的方法及其已有的定律、原理和规律,研究并揭示机理、评价方法、经营管理的流程以及提出发展的对策和建议等,一直是体育赛事理论发展的根本目的。通过对图2-3中81个聚类簇群的分析发现,范畴维研究领域已形成了九个知识群,分别是大型体育赛事研究、群众体育赛事研究、学校体育赛事研究、中国体育赛事研究、国际体育赛事研究、品牌赛事研究、商业性体育赛事研究、民间体育赛事研究、区域和城市体育赛事研究(见表2-9)。

表 2-9 中国体育赛事理论事实性知识结构分布列表(2000—2022 年)

知识群	簇标识	核心关键词(频次/中心度/首现年份)	
大型体育赛事	♯5	奥运会(11,0.01,003)	F1 赛车(1,0.00,2006)
	♯1	大型体育赛事(64,0.15,2003)	
	♯4	广州亚运会(4,0.01,2011)	
	♯20	全运会(3,0.01,2005)	
	♯2	冬奥会(2,0.02,2022)	综合赛事(2,0.01,2013)
	♯28	世界杯足球赛(1,0.00,2012)	
	♯12	冬季运动会(1,0.00,2004)	
	♯33	全国体育大会(1,0.00,2012)	
	♯58	世界杯(1,0.00,2013)	
商业性体育赛事	♯4	商业性体育赛事(2,0.00,2005) CBA(2,0.00,2012)	NBA(2,0.00,2012)
	♯57	业余网球赛事(1,0.00,2012)	
	♯62	中网(1,0.00,2010)	
	♯0	上海 ATP1000 大师赛(1,0.00,2011)	
	♯66	世界联赛(1,0.00,2007)	
中国体育赛事研究	♯78	中国马拉松赛事(1,0.00,2012)	
	♯54	中国高尔夫职业赛(1,0.00,2004)	
	♯65	中国武术职业联赛(1,0.00,2011)	
国际体育赛事研究	♯27	国外体育赛事(1,0.00,2005)	
	♯6	国际体育赛事(7,0.00,2010)	
	♯52	k1 比赛(1,0.00,2004)	
学校体育赛事	♯18	高校赛事(5,0.02,2004)	企校合作(1,0.00,2004)
品牌赛事	♯6	赛事品牌(4,0.00,2010)	
	♯7	品牌赛事(3,0.00,2003)	
群众体育赛事	♯3	群众体育(4,0.00,2013)	
	♯33	全民健身活动(1,0.00,2005)	
民间体育赛事	♯41	传承发展(1,0.00,2022)	
	♯61	三民文化建设(1,0.00,2022)	
	♯6	传统武术(1,0.00,2009)	

续 表

知识群	簇标识	核心关键词(频次/中心度/首现年份)	
区域体育赛事与城市体育赛事	♯13	欠发达地区(1,0.00,2005)	
	♯46	中国大城市体育	
	♯35	上海市(1,0.00,2007)	
	♯12	哈尔滨(1,0.00,2004)	
	♯38	上海体育赛事(1,0.00,2009)	
	♯44	北京奥运会(2,0.00,2003)	
	♯0	上海体育事业(1,0.00,2007)	城市营销(5,0.00,2011)

备注:首现年份是指该关键词首次进入前25位的年份。

在中国体育赛事研究领域的知识结构的知识图谱研究中,本研究以2000—2022年CSSCI源刊发表的789篇论文及关键词为数据,以体育赛事研究领域的内容及其驱动因素的变化为标志,将中国体育赛事研究领域的发展历程划分为学习引进期(2004年以前)、消化吸收期(2005—2009)和模仿创新期(2010年以后)三个阶段。通过关键词共现网络聚类图谱分析发现,近20年来,中国体育赛事学研究形成了三个主要维度:"专门""应用"和"范畴"。专门化维度由三大知识群组成,分别是体育赛事经济学理论知识、体育赛事社会学理论知识和运动竞赛学理论知识;应用维由五大知识群组成,即体育赛事组织管理理论知识、体育赛事营销理论知识、体育赛事传播理论知识、体育赛事法律保护理论知识和体育赛事文化理论知识;范畴维形成了九个知识群,即大型体育赛事研究、群众体育赛事研究、学校体育赛事研究、中国体育赛事研究、国际体育赛事研究、品牌赛事研究、商业性体育赛事研究、民间体育赛事研究、区域和城市体育赛事研究。

第三章
中国体育赛事研究领域的主流学术群体与代表人物

引文分析为客观评价研究者的科研成就提供了依据,相关评价指标主要包括发文总数、总引用频次、每篇被引频次等。那么,谁是我国在体育赛事领域最有影响力的作者?他们有哪些科学成就?这是本章要解答的第一个问题。

20世纪末以来,跨学科合作组织和国际合作增多。在我国,赛事研究领域的作者合作情况如何?这是本章试图回答的第二个问题。

第一节 基于引文分析的中国体育赛事研究领域作者评价

某一学科或领域科研实践的方向是可以通过众多的相关因素来表征的,其中关于该领域的高影响力的作者群就是重要因素之一。对于科研作者的学术文献成果评价重要指标有两个方面:其一是作者的发文量,表征数量即科研生产力;其二是作者发表的研究成果的被引频次,这是质量的特征,也是学术影响力。[1] 表3-1和表3-2分别展示了10位发文量最高的作者和单篇文章被引频次最高的作者的信息。

表3-1列出了2000—2022年CSSCI数据库中发文量前10位的作者。他们属于中国体育赛事研究领域的高产作者群。上海体育学院黄海燕、张林、李南筑三位教授的发文量均在10篇以上,他们是中国体育赛事研究领域的高产作者。其中,李南筑教授长期从事体育领域的经济学研究,其著作《体育赛事经济学》具有重要的里程碑意义。张林教授致力于体育赛事评估理论的研究。黄海燕教授是三位教授中最年轻的一位,他的研究领域主要涉及体育赛事评估、赛事管理以及体育赛事与城市发展,他主持、参与了20余项国家级、省部级课题的研究工作,在重要学术期刊上发表论文近50篇。此外,排名前十位的高产作者中还有上海体育学院的朱红军、姚芹两位教授,这也反映出

---

[1] 邓群,王红君,张锐,等.基于CSSCI的中国期刊品牌研究的知识图谱分析[J].中国科技期刊研究,2022(05):701-712.

了上海体育学院在体育赛事研究领域的突出贡献。此外,来自华中师范大学的王健教授及其学生陈元欣、对外经济贸易大学的王智慧、首都体育学院的王子朴、中国矿业大学的张玉超位列高产作者的第六到十位。

表3-1 体育赛事研究领域发文量前10位的作者(CSSCI 2000—2022年)

序号	作者	出生年份	作者单位及地区	发文量
1	黄海燕	1981	上海体育学院体育赛事研究中心,上海	26
2	张林	1954	上海体育学院体育赛事研究中心,上海	17
3	李南筑	1947	上海体育学院体育赛事研究中心,上海	13
4	朱洪军	1978	上海体育学院体育赛事研究中心,上海	13
5	姚芹	1983	上海体育学院体育赛事研究中心,上海	8
6	陈元欣	1980	华中师范大学体育学院,武汉	8
7	王健	1963	华中师范大学体育学院,武汉	7
8	张玉超	1972	中国矿业大学,徐州	7
9	王子朴	1969	首都体育学院学报编辑部,北京	6
10	王智慧	1979	对外经济贸易大学,北京	6

引用率是衡量科研人员论文成果的另一个重要指标。引用率是研究者对某一领域理论发展贡献的标志,同时也反映了学术界对其研究的认同。可以说,这些高引用的研究人员是该研究领域的核心作者。表3-2列出了我国体育赛事研究领域中被引频次居前10名作者的基本信息及其单篇文章被引频次。

表3-2 体育赛事研究领域单篇被引频次数前10位的作者(CSSCI 2000—2022年)

序号	作者	出生年份	作者单位及地区	被引频次
1	李南筑	1947	上海体育学院体育赛事研究中心,上海	21
2	马法超	1975	中央财经大学,北京	21
3	王守恒	1955	首都体育学院,北京	21
4	王子朴	1969	首都体育学院学报编辑部,北京	19
5	王迁	1975	华东政法大学,上海	18
6	徐玖平	1962	四川大学,成都	16
7	卢文云	1975	北京体育大学,北京	15
8	张志伟	1977	华南师范大学,广州	15
9	纪宁	1974	北京奥运经济研究会,北京	14
10	黄海燕	1981	上海体育学院体育赛事研究中心,上海	13

对表3-1和表3-2进行综合分析,可以发现以下几个方面的重要特征:第一,可以看到李南筑、黄海燕和王子朴三位作者同时出现于高产作者和高被引作者的前10名,且在发文量和被引频次两项指标上均靠前,这说明这三位作者是当前我国体育赛事研究领域的主要人物,在整个体育赛事研究领域中有着较高的贡献度与影响力。第二,从作者的地域分布看,该研究领域的作者主要来自北京、上海等地的高等院校,其中贡献最大的为上海体育学院体育赛事研究中心。第三,从作者所属高校来看,影响力较高作者主要来自985院校和211院校,其他普通高等院校参与研究的比例相对较少。第四,从作者主持研究的项目看,绝大部分的相关作者都主持过或者参与研究过一项以上有关体育赛事类的国家社会科学基金项目。第五,从作者的年龄看,我国体育赛事研究领域相关学者的年龄结构分布比较合理,19世纪40年代生人1人,50年代生人1人,60年代生人2人,70年代生人5人,80年代生人1人,总体上符合正态分布,这表明体育赛事研究具有可持续发展的生命力。

第二节 基于知识图谱的中国体育赛事研究领域作者合著关系研究

科学合作是研究者相互协作和帮助获得新的知识或实现相关研究目标的科学活动。由于体育赛事是一门涉及众多学科的综合性科学,一些研究项目需要广泛的跨学科研究。我国体育赛事研究合著的状况如何?发展状况如何?又有哪些挑战?以下是我国体育赛事研究中合作关系和现状的实证研究。

一、数据来源与数据处理

本章以前述的789篇文献及其参考文献作为研究对象。使用CiteSpaceV6.1将作者发表的论文数量及时间以"年轮"的大小和颜色直观展示出来,设置相应的参数(节点类型选为作者,阈值为30)运行程序,得到作者合作知识图谱(见图3-1)。

二、基于作者合作知识图谱的中国体育赛事理论研究作者合著分析

图3-1显示的中国体育赛事研究领域的作者合作知识图谱中共有276个节点和141条连线。每个节点代表一个作者,节点的大小表示作者发文量的多少;节点之间的连线表示作者间的合作情况,连线越粗,说明作者间的合作次数越多。[①] 从图3-1中对

---

① 刘伟.国家社会科学基金资助体育学领域国内论文统计与研究热点分析[J].浙江体育科学,2022(06):116-121.

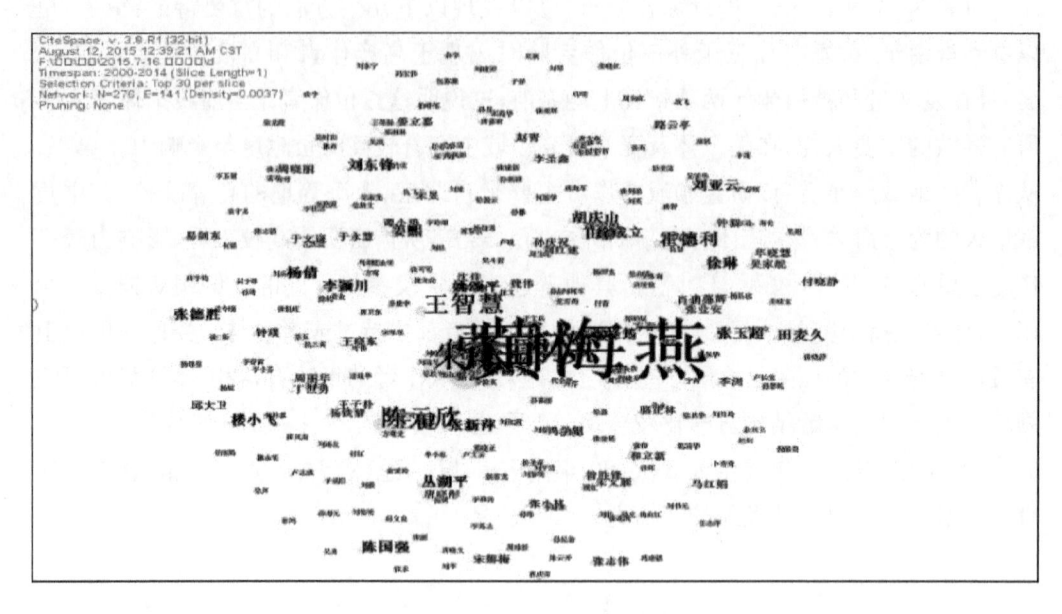

图 3-1 中国体育赛事研究领域作者合作知识图谱(CSSCI 2000—2022 年)

节点的分析发现,网络的整体结构是松散的、稀疏的,连接之间有很强的分离性。以不同颜色标记作者网络图,我们可以相对直观地看到 69 个合作网络,其中 4 人及 4 人以上合作者的网络有 6 个,3 个合作者的网络有 16 个,2 个合作者的网络有 32 个,其余 289 位研究者均为独立研究。在 69 个合作网络中选择了 3 个较大的合作网络进行分析(局部放大图谱见图 3-2、图 3-3、图 3-4),以反映我国学者在体育赛事研究领域里的合作特征。

图 3-2 体育赛事领域研究合作网络 1(CSSCI 2000—2022 年)

图 3-3　体育赛事领域研究合作网络 2(CSSCI 2000—2022 年)

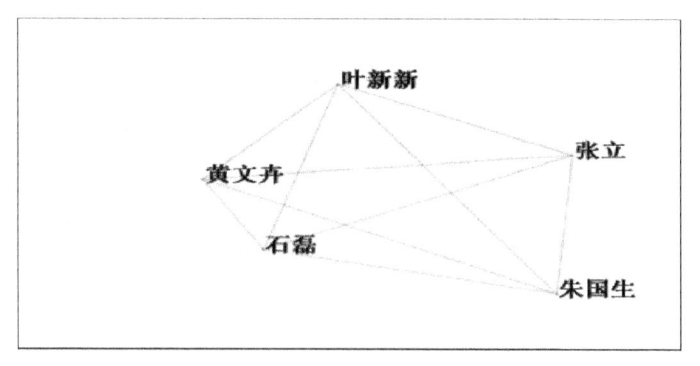

图 3-4　体育赛事领域研究合作网络 3(CSSCI 2000—2022 年)

我国体育赛事研究领域比较大的合作网络(以作者量记)包括 3 个:其一是以黄海燕、张林、李南筑为核心的第一合作网络(见图 3-2),其二是以王健、陈元欣为核心的华中师范大学合作网络(见图 3-3),其三是以张立、叶新新等人为核心的国家体育总局合作网络(见图 3-4)。对其相关网络成员信息做出进一步分析,发现这些合作网络中的成员之间都有密切的联系,比如有的来自同一学科,有的是师生关系,而来自不同学科的作者之间的合作关系非常弱。这在客观上限制了不同区域研究者之间的交流,不利于资源的共享和不同学科的优势互补,也不利于该领域的全面深入发展和信息传播。①

通过作者合作网络时区视图(见图 3-5)对各年份作者合作情况进行分析,发现虽然合作程度相对较低,但从总体情况来看,我国体育赛事研究文献合作度均呈不断上升的趋势,说明我国体育赛事研究越来越重视合作。

在中国体育赛事研究的主流学术群体与代表人物的知识图谱研究中,以 2000—2022 年 CSSCI 源刊发表的 789 篇论文中出现的作者为数据,通过对高产作者和高被引作者的分析发现,我国体育赛事研究的作者集中分布在北京、上海的 985、211 高校中,

---

① 刘伟.国家社会科学基金资助体育学领域国内论文统计与研究热点分析[J].浙江体育科学,2022(06):116-121.

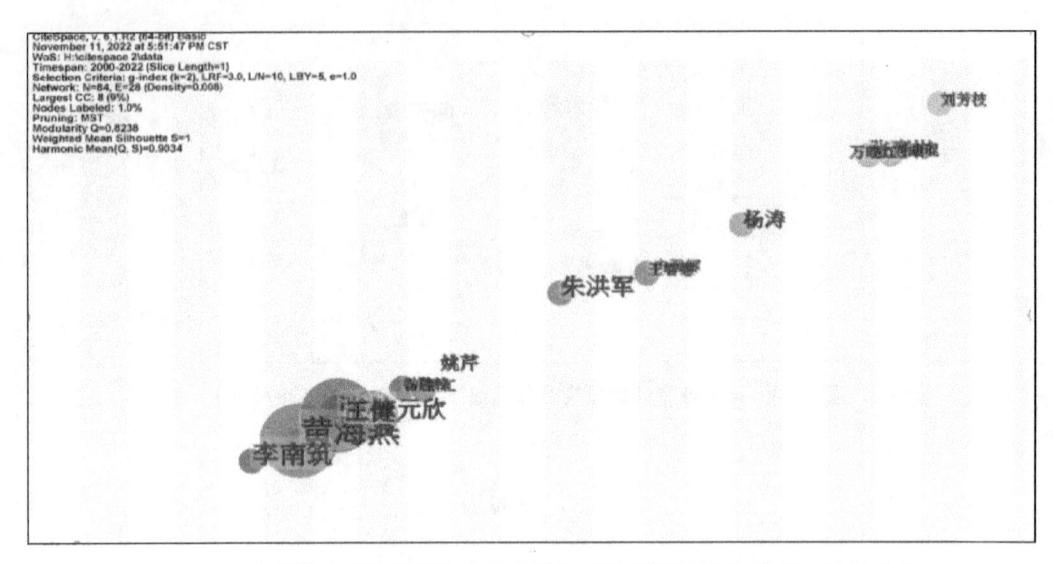

图3-5　中国体育赛事领域作者合作网络时区视图(CSSCI 2000—2022年)

年龄结构也比较合理,其中李南筑、黄海燕和王子朴等三位教授是核心人物。

综上,为进一步探究作者合作的情况及其特征,采用社会网络分析方法,利用CiteSpaceV6.1信息可视化软件构建作者合作网络知识图谱,对其子网的类型、特征和网络密度进行了分析,发现整体网络的结构松散、不紧密且高度不连通。知识图谱中,我们可以比较直观地标记出69个合作网络,其中4人及4人以上合作者的网络有6个,3个合作者的网络有16个,2个合作者的网络有32个,其余289位贡献者作为独立成分单独存在。通过作者合作网络时区视图(见图3-5)对各年份作者合作情况的分析发现,虽然合作程度相对较低,但从总体情况来看,我国体育赛事研究文献合作量呈不断上升的趋势,说明我国体育赛事研究越来越重视合作。

第四章
中国体育赛事研究的知识基础与前沿节点

1965年Price最先引入研究前沿这一概念。[①] Persson认为引文形成研究前沿,而被引文献则组成知识基础。[②] 陈超美认为一组突现的动态概念以及潜在的研究问题即研究前沿;与其相对应的知识基础则是在科学文献中的引文和共引轨迹。[③] 总体而言知识基础是指已发表的文献通过共被引关系所形成的共引网络;相应的研究前沿指以共引文献为知识基础的施引文献形成的集合。[④⑤]

本章以前述的789篇文献的参考文献作为研究对象,设置相应的参数(节点类型选为共被引文献,阈值为15),运行CiteSpaceV6.1获得时序视图(见图4-1)和共被引文献图谱(见图4-2)。

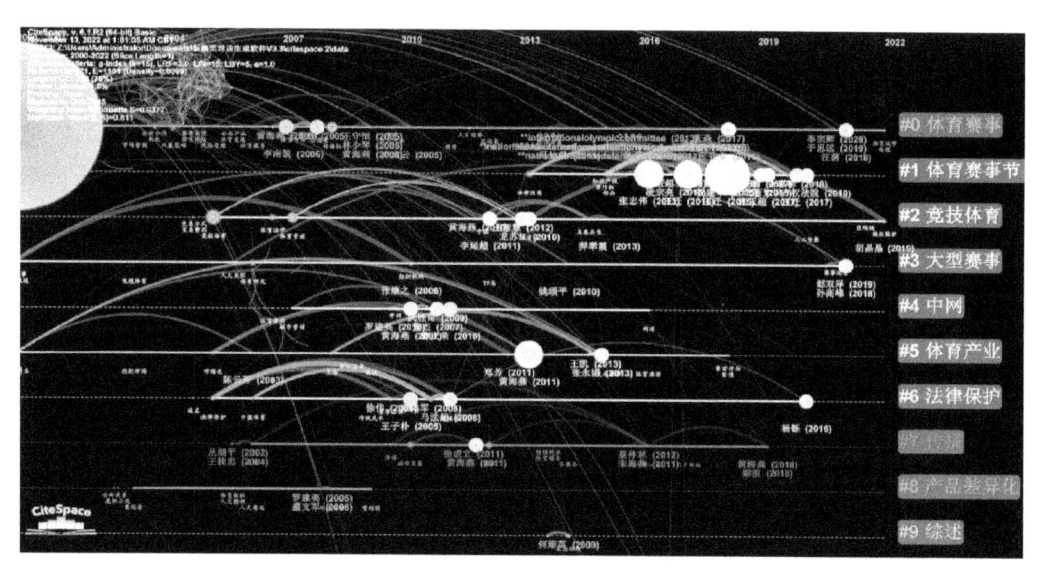

图4-1 中国体育赛事研究领域奠基性文献的时间序列图谱(2000—2022)

[①] Price D D. Networks of Scientific Papers[J]. Science, 1965, 149: 510-515.
[②] Persson O. The Intellectual Base and Research Fronts of JASIS 1986—1990[J]. Journal of the American Society for Information Science, 1994, 45(1): 31-38.
[③] 陈超美.CiteSpaceV6.1 Ⅱ:科学文献中新趋势与新动态的识别与可视化[J].陈悦,等译.情报学报,2009,28(3):21.
[④] 许振亮.国际技术创新研究前沿与学术群体可视化分析[D].大连理工大学,2010.
[⑤] 秦长江,侯汉清.知识图谱—信息管理与知识管理的新领域[J].大学图书馆学报,2009(1):30-37.

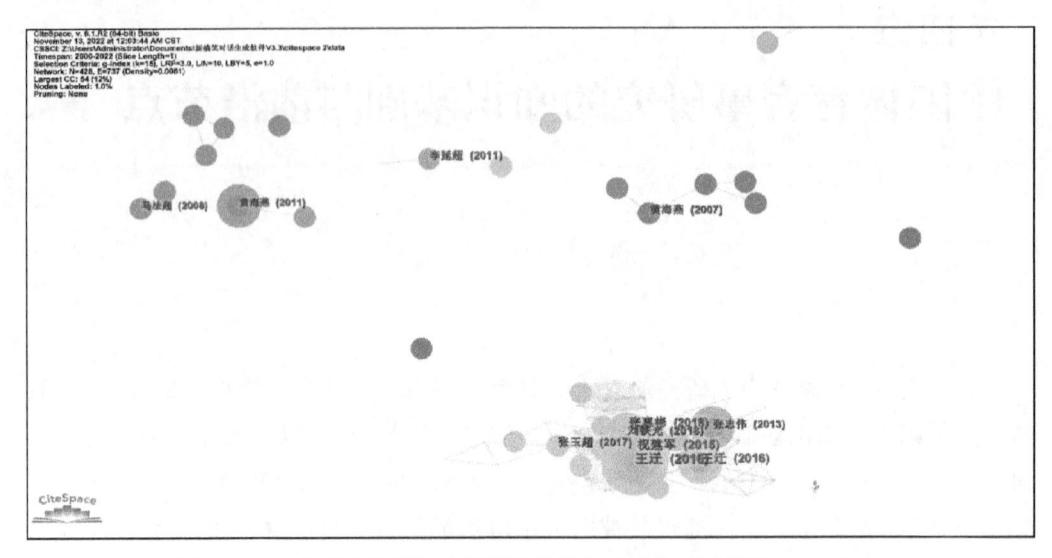

图4-2　中国体育赛事研究领域的关键共被引文献图谱(2000—2022)

第一节　中国体育赛事研究的知识基础分析

中国体育赛事研究的知识基础分析文献资料主要包括三种类型：第一是早期奠基性的研究文献，第二是共被引频次和中心度都比较高的核心文献，第三是被引频次和中心度都比较高的次级关键文献。这三类文献资料共同构建了体育赛事研究的基础和整体脉络。[1]

一、中国体育赛事研究的奠基性节点分析

通过时间序列图谱(见图4-1)可以清楚地看到我国体育赛事研究领域的奠基性文献和研究发展脉络。早期奠基性文献有以下七篇。首先是Anderson于1972年出版的 *Information Integration Theory：A Brief Survey* 一书，书中介绍了著名的信息整合理论，该理论聚焦于传播者是如何积累和组织有关人、事物、情景或思想的信息，并且在此基础上形成态度。[2] 作者详细阐述了认知判断中多种信息按照某种认知规则实现信息整合的规律。信息整合理论为企业赛事赞助、观众上座率等研究提供了理论依据，该理论在体育赛事研究中发挥着重要作用。

第二篇奠基性文献是Arora R于1982年发表在 *Journal of Marketing Research*

---

[1] 赵蓉英,王菊.图书馆学知识图谱分析[J].中国图书馆学报,2011,37(192):40-50.
[2] 王玉龙.传播学视野下太极扇传播方式的对策研究[D].北京体育大学,2022.

上的 *Validation of an S-O-R Model for Situation，Enduring and Response Components of Involvement* 一文，作者构建的关于持续性涉入、情境性涉入与涉入反应关系的理论模型，为基于游客内在需求的视角探讨体育赛事现场参观低迷的相关研究奠定了基础。第三、四篇奠基性文献分别是 Alaszkiewicz RK[①] 和 Hesling W[②] 于 1986 年发表在 *International Review for the Sociology of Sport* 的两篇论文 *Olympic Television Rights* 和 *The Pictorial Representation of Sports on Television*，这两篇文章发表在 1984 年洛杉矶奥运会商业化运作成功之后（美国广播公司以 2.25 亿美元的价格买下了电视转播权）。[③] 两篇文章为日后有关体育赛事电视转播权的研究奠定了基础。第五篇奠基性文献是学者刘建和[④] 1990 年出版的《运动竞赛学》一书，该书系统地介绍了运动竞赛的发生与发展、竞赛过程的时空界定、竞赛规律与原则以及如何对竞赛活动实施有效控制等。它是对我国运动竞赛全面而深入的研究成果。第六篇奠基性文献是 Baade RA 于 1990 年发表在 *Journal of Sport & Social Issues* 上的 *An Analysis of Major League Baseball Attendance，1969—1987* 一文，该文系统分析了大型体赛事上座率的诸多决定因素。[⑤] 第七篇奠基性文献是学者 Aaker DA[⑥] 1991 年出版的 *Managing brand equity*（《管理品牌资产》）一书，该书探索顾客的品牌资产的价值与性质以及测量方面的研究。

另外，早期的奠基性文献还有 March James G[⑦] 于 1993 年出版的 *Organizations* 一书，Brooks Christine M[⑧] 于 1994 出版的 *Sports Marketing：Competitive Business Strategies of Sports* 一书以及 1998 年 Grunos Christie[⑨] 出版的论著《服务市场营销管理》和 1999 年 Philip kotler[⑩] 出版的论著《市场营销原理》。以上文献主要集中在心理学、管理学、经济学、传播学和运动竞赛学等领域，也正是这些相关领域的发展才奠定了体育赛事研究的坚实基础。

---

① Alaszkiewicz R K. Olympic Television Rights[J]. International Review for the Sociology of Sport，1986，21(2-3)：211-227.
② Hesling W. The Pictorial Representation of Sports on Television[J]. International，1986，21(2-3)：173-192.
③ 赵长杰.奥运会营销策略的理论与实践研究[D].北京体育大学，2004.
④ 刘建和.运动竞赛学[M].成都：四川教育出版社，1990.
⑤ Baade R A. An Analysis of Major League Baseball Attendance，1969—1987[J]. Journal of Sport & Social Issues，1990，14(1)：14-32.
⑥ Aaker D A. Managing brand equity：Conceptualizing on the Value of a Brand Name[M]. New York：The Free Press，1991.
⑦ March James G. Organizations[M]. New York：John Wiley & Sons，1993.
⑧ Brooks Christine. Sports Marketing：Competitive Business Strategies of Sports[M]. San Francisco：Benjamin Cummings，1994.
⑨ 克里斯蒂·格鲁诺斯.服务市场营销管理[M].吴晓云，冯伟雄，译.上海：复旦大学出版社，1998.
⑩ 菲利普·科特勒.市场营销原理[M].北京：机械工业出版社，1999.

二、中国体育赛事研究的关键节点分析

在图4-2中,每个节点代表一篇文献,节点的大小表示该文献被引频次的多少。

点的中心性是用来量化点在网络中地位重要性的一个图论概念。中间中心性是一个用以进行中心性测度的指标,它是指在网络中经过某点并且连接这两点的最短路径所占该两点之间最短路径线总数之比,因此中间中心性高的点通常位于连接两个不同聚类的路径上。图4-2和表4-1显示,中心度最高的节点是2005年王子朴发表在《上海体育学院学报》上的文章《体育赛事类型的分类及特征》。该论文在CSSCI中的共被引频次为11,中心度为0.19,是网络中最大的关键节点。截至2022年12月29日,该文章被引用频次达380次。该文结合转型时期经济和体育制度的过渡性特征,对体育赛事进行了分类,并结合组织管理、市场营销、项目竞赛等多种影响因素,系统分析其内涵特征。[①] 其次是李南筑于2006年出版的著作《体育赛事经济学》。该著作在CSSCI中的被引频次为17,中心度为0.18,是网络中被引频次最多的关键节点。该著作是国内第一部系统阐述体育赛事经济问题的著作,其全面的分析框架也为体育赛事的经济学研究提供了一个新的较高的起点。[②] 再次是纪宁[③]于2004年发表的论著《体育赛事的经营与管理》,该书是国内第一部系统探讨体育经营与管理的著作。排在第四位的是黄海燕于[④]2007年发表在《体育科学》上的论文《上海大型单项体育赛事运营中政府作用之研究》以及李南筑[⑤]于2006年发表在《上海体育学院学报》上的论文《论体育赛事的公共产品性质》。两篇论文在CSSCI数据库中的共被引频次均为11,中心度为0.11。位列第六位的是王守恒于2007年出版的著作《体育赛事管理》,该书从理论探索、实践运作、实证分析三个部分入手,搭建了体育赛事管理的框架体系。[⑥] 学者王迁发表在《西北政法大学学报》上的一篇主题为体育赛事现场直播画面的著作权保护的文章,共引频次为11,中心度为0.1,是网络中较大的探讨体育赛事节目性质及保护方面的关键节点。该文章与排在之后的第八位至第十的文章主题一致,且中心度均为0.1。

---

① 王子朴,杨铁黎.体育赛事类型的分类及特征[J].上海体育学院学报,2005(06):24-28.
② 李南筑.体育赛事经济学[M].上海:复旦大学出版社,2006.
③ 纪宁.体育赛事的经营与管理[M].北京:电子工业出版社,2004.
④ 黄海燕,张林,李南筑.上海大型单项体育赛事运营中政府作用之研究[J].体育科学,2007(02):17-25.
⑤ 李南筑,黄海燕,曲怡,晏慧,由会贞.论体育赛事的公共产品性质[J].上海体育学院学报,2006,(04):10-17+22.
⑥ 王守恒.体育赛事管理[M].北京:高等教育出版社,2007.

表 4-1 中国体育赛事理论的核心关键节点信息（2000—2022）

排序	被引文献及作者	频次	中心度
1	体育赛事类型的分类及特征,王子朴,2005(上海体育学院学报)	11	0.19
2	体育赛事经济学,李南筑,2006(上海:复旦大学出版社)	17	0.18
3	体育赛事的经营与管理,纪宁,2004(北京:电子工业出版社)	12	0.15
4	上海大型单项体育赛事运营中政府作用之研究,黄海燕,2007(体育科学)	11	0.11
5	论体育赛事的公共产品性质,李南筑,2006(上海体育学院学报)	11	0.11
6	体育赛事管理,王守恒,2007(北京:高等教育出版社)	6	0.10
7	论体育赛事现场直播画面的著作权保护——兼评"凤凰网赛事转播案",王迁,2016(西北政法大学学报)	11	0.10
8	体育赛事节目的性质及保护方法,祝建军,2015(知识产权)	10	0.10
9	如何认定体育赛事节目的独创性?——以体育赛事节目的制作为中心,张惠彬,2018(体育科学)	9	0.10
10	体育赛事直播画面侵权案件法律适用的规范研究——基于新近案例的实证分析刘铁光,2018(体育科学)	8	0.10

这些高被引文献是我国体育赛事研究领域的知识基础,是体育赛事研究的重要基础经典文献。

表 4-2 列出了中间中心性和被引频次较高的次级关键节点文献,这些文献也是中国体育赛事研究知识基础的重要部分。

表 4-2 核心关键节点文献的历年被引频次（2000—2022）

频次	中心度	作者	年份	来源	被引文献
7	0.07	王庆伟	2006	天津体育学院学报	我国体育赛事向市场化运作过渡阶段的特征研究
7	0.07	刘清早	2006	北京:人民体育出版社	体育赛事运作管理
10	0.07	卢文云	2005	成都体育学院学报	大型体育赛事的风险及风险管理
2	0.07	王桂忠	2004	体育学刊	广州申办2010亚运会的必要性和可行性
10	0.06	王守恒	2005	首都体育学院学报	体育赛事运作管理理念探析、体育赛事的界定及分类
3	0.05	周进强	2001	天津体育学院学报	我国职业体育俱乐部经营中的若干法律问题——职业体育俱乐部法律问题研究之二

续表

频次	中心度	作者	年份	来源	被引文献
1	0.04	姚芹	2009	上海体育学院学报	网球大师杯·上海赛现场观众基本特征研究
1	0.03	Chelladurai Packianathan	2000	Sport Management Rev	Targets and Standards of Quality in Sport Services
5	0.03	沈建华	2004	沈阳体育学院学报	大型体育赛事对城市形象的塑造
4	0.03	徐伟	2006	吉林体育学院学报	体育赛事基本理论探讨
2	0.03	张林	2008	上海体育学院学报	改革开放30年我国体育产业发展回顾
2	0.03	Dwyer Larry	2005	Journal of Travel Research	Estimating the Impacts of Special Events on an Economy
4	0.03	陈云开	2003	上海体育学院学报	现代体育组织经营管理赛事
4	0.03	乐后圣	2002	北京:中国时代经济出版社	奥运产业化运营
3	0.02	黄海燕	2009	上海:上海体育学院	体育赛事综合影响事前评估
2	0.02	吕予锋	2003	首都体育学院学报	对竞技体育运动员权益保护有关问题的分析和建议
2	0.02	徐康平	2008	北京工商大学学报	试论体育比赛的知识产权化——从电视转播权交易谈起
4	0.02	武胜奇	2009	天津体育学院学报	体育赛事文化对城市文化核心竞争力的影响及提升路径选择
2	0.02	勒卡达内	2003	时代建筑	大事件:作为都市发展的新战略
2	0.01	帕克豪斯 伯尼	2003	北京:清华大学出版社	体育管理学基础与应用
1	0.01	Brickley K S	2000	Leisure Sciences	休闲学
3	0.01	黄海燕	2005	体育科研	政府主导下的体育市场化进程分析
3	0.01	万建华	1998	深圳:海天出版社	利益相关者管理
1	0.01	李德顺	2007	北京:中国人民大学出版社	价值论

续 表

频次	中心度	作者	年份	来源	被引文献
5	0.01	蔡俊五	2001	北京:人民体育出版社	体育赞助——双赢之策
7	0.01	董杰	2007	武汉体育学院学报	体育赛事的风险管理研究
2	0.01	Quinn Bernad-ette	2005	Urban Studies	Arts Festivals and the City
5	0.01	刘淇	2003	北京:北京出版社	北京奥运经济研究

第二节　中国体育赛事研究领域的前沿节点分析

研究前沿和知识基础之间具有映射关系，即研究前沿指向知识基础。本研究通过CiteSpace6.1绘制我国体育赛事研究前沿和知识基础之间映射关系的顺时模式时区视图（见图4－3）。该时区视图清晰地反映出中国体育赛事研究领域最近20年的发展脉络，以及知识基础和研究前沿之间的联系。表4－3为知识图谱导出的一组前沿信息文献。

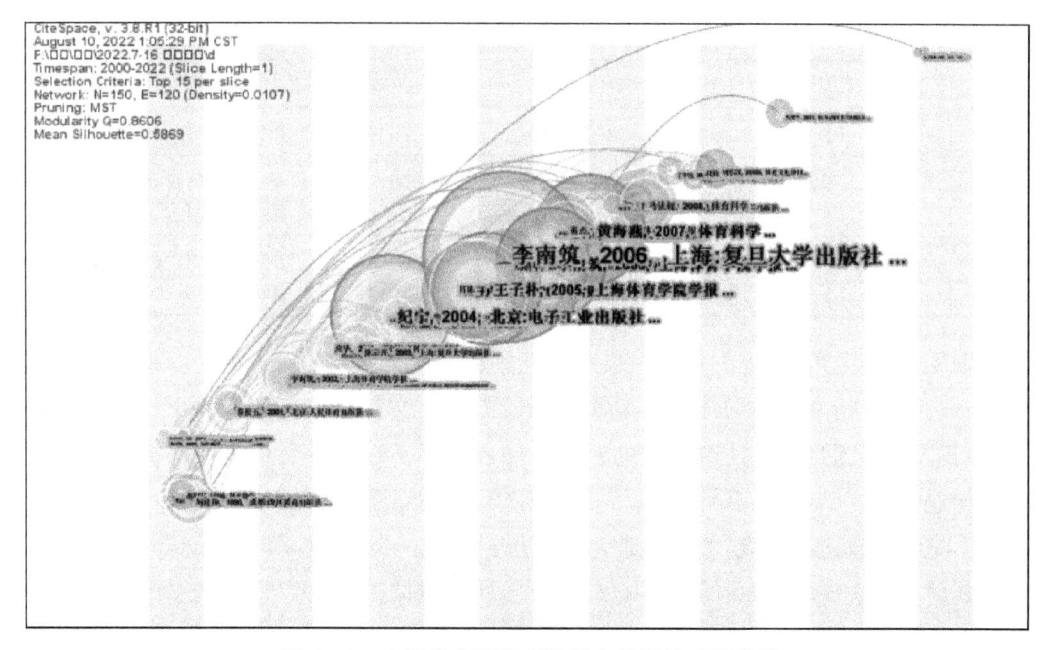

图4－3　中国体育赛事理论研究前沿的时区视图

表4-3　中国体育赛事理论的前沿节点信息

频次	中心度	作者	来源	被引文献
2	0	周建克	浙江体育科学	奥运会新媒体传播探析
4	0.02	武胜奇	天津体育学院学报	体育赛事文化对城市文化核心竞争力的影响及提升路径选择
4	0	刘东波	体育文化导刊	大型体育赛事风险管理研究
3	0	卢长宝	体育科学	匹配与体育赞助事件的选择:基于品牌资产的实证研究
1	0.04	姚芹	上海体育学院学报	网球大师杯·上海赛现场观众基本特征研究
3	0.02	黄海燕	上海:上海体育学院	体育赛事综合影响事前评估
3	0	于善旭	北京:北京体育大学出版社	我国体育无形资产法律保护的研究
3	0	丛湖平	杭州:浙江大学出版社	体育赛事产业区域核心竞争力形成机制研究
1	0	北京马拉松官网站	http://www.beijingmarathon.com/cn/marathon	北京马拉松概述
1	0	Baker Richard	The Sydney Morning Herald	Games metals magic
1	0	李采丰 陈伟	山东体育学院学报	基于投入产出模型的大型体育赛事经济效应分析——以重庆国际马拉松为例
2	0	刘转青	山东体育学院学报	自由视角下的"马拉松热"
1	0	任占兵	体育成人教育学刊	我国马拉松赛事文化的若干问题研究
2	0	史悦红 蒲毕文	管理现代化	我国大型体育赛事组织管理模式的研究——基于政府与市场关系视角
1	0	覃雪芹	南京体育学院学报	中国城市马拉松热的冷思考——基于城市马拉松赛事组织价值实现

图4-3右上角,呈现的是一组最新研究热点文献所构成的研究前沿。结合图4-3和表4-3的分析发现中国体育赛事研究领域前沿的文献节点主要有以下。于善旭的著作《我国体育无形资产法律保护的研究》,作者选择了在体育无形资产保护方面最具体育行业专业特殊性的四个问题——体育标志权、体育赛事转播权、体育专有技术权、体育明星形象权进行研究,力图从理论本源上进行深入的挖掘,填补理论空白。[①] 黄海燕在其博士论文《体育赛事综合影响事前评估》中,对体育赛事综合影响事前评估问题

---

① 于善旭.我国体育无形资产法律保护的研究[M].北京:北京体育大学出版社,2009.

进行了全面系统的探讨。① 姚芹对上海网球大师杯现场观众的基本特征进行了调查研究,他的研究成果为日后承办类似赛事提供了有效的参考,同时也促进了赛事的营销和推广效率的提高,还为一些有意赞助体育赛事的企业提供一定的理论参考。② 卢长宝在《体育科学》上发表的《匹配与体育赞助事件的选择:基于品牌资产的实证研究》一文为体育赞助营销理论建设起到了积极的促进作用。③ 刘东波发表的《大型体育赛事风险管理研究》一文,通过对三届奥运会体育风险管理的对比分析,提出了我国举办大型体育赛事风险的管理对策。④ 武胜奇发表的《体育赛事文化对城市文化核心竞争力的影响及提升路径选择》一文使人们重新认识了体育赛事独特的文化功能。⑤ 周建克从新媒体的定义出发,回顾了奥运会新媒体传播发展历史,阐明了奥运新媒体传播的优势,提出了奥运新媒体传播的规范措施,并大胆预期:新媒体传播必将成为奥运会传播的第一媒体。⑥ 丛湖平的著作《体育赛事产业区域核心竞争力形成机制研究》探索性构建了体育赛事产业区域核心竞争力形成机制的理论框架,为促进体育资源的合理配置,引导和刺激体育赛事产业区域核心竞争力的形成提供基本的理论依据;⑦悉尼先驱晨报上的一篇题为 *Games metals magic* 的文章,聚焦于学者较少研究的大型体育赛事企业接待项目。北京马拉松是我国著名的国际性单项体育赛事,2010 年赛事全面升级。北京马拉松网站上详细介绍了我国城市品牌体育赛事营销发展的新阶段。⑧ 任占兵从"物质—制度—精神"三位一体的角度考虑赛事文化系统,详细分析了马拉松赛事文化系统的三个基本形态。⑨ 刘转青在《北京体育大学学报》上发表的《自由视角下的"马拉松热"》一文,从自由的视角来阐释"马拉松热"现象。⑩ 李采丰、陈伟结合投入产出经典理论对大型体育赛事的经济效应进行了实证研究。⑪

基于上述文献分析发现,体育赛事的无形资产保护、赛事影响评估、赛事观众基本特征、赛事赞助营销、赛事文化、赛事新媒体、赛事产业区域核心竞争力和马拉松赛事运营等是我国体育赛事的重要研究方向,它们的研究内容不断得到了发展。当前,中国体育赛事研究主题具有以应用研究为主导同时兼顾应用基础研究的典型特征。

综上,本章收集 2000—2022 年 CSSCI 引文数据库中有关体育赛事研究的 789 篇

---

① 黄海燕.体育赛事综合影响的事前评估研究[D].上海体育学院,2009.
② 姚芹,赵敏玲,张颖慧.网球大师杯·上海赛现场观众基本特征研究[J].上海体育学院学报,2009,33(04):21-26.
③ 卢长宝.匹配与体育赞助事件的选择:基于品牌资产的实证研究[J].体育科学,2009,29(08):82-89.
④ 刘东波,姜立嘉,吕丹.大型体育赛事风险管理研究[J].体育文化导刊,2009,(03):8-12.
⑤ 武胜奇.体育赛事文化对城市文化核心竞争力的影响及提升路径选择[J].天津体育学院学报,2009,24(06):480-483.
⑥ 周建克.奥运会新媒体传播探析[J].浙江体育科学,2009,31(06):6-8.
⑦ 丛湖平.体育赛事产业区域核心竞争力形成机制研究[M].杭州:浙江大学出版社,2011.
⑧ 聂丹.北京马拉松赛事运作的 SWOT 分析[J].体育学刊,2014,21(06):19-23.
⑨ 任占兵.我国马拉松赛事文化的若干问题研究[J].体育成人教育学刊,2016,32(05):8-9.
⑩ 刘转青.自由视角下的"马拉松热"[J].山东体育学院学报,2017,40(08):34-35.
⑪ 李采丰,陈伟.基于投入产出模型的大型体育赛事经济效应分析——以重庆国际马拉松为例[J].山东体育学院学报,2017,32(02):32-33.

文献和其参考文献作为研究对象，运用 CiteSpaceV6.1Ⅲ对文献中引文数据进行可视化分析和处理，采用知识图谱的方法，揭示中国体育赛事理论基础知识和前沿，结论如下：

(1) 中国体育赛事理论的知识基础包括以下部分。一是体育赛事研究领域的奠基性文献，包括 Anderson N 于 1972 年出版的著作 *Information Integration Theory：A Brief Survey*；Arora R 于 1982 年发表的 *Validation of an S-O-R Model for Situation，Enduring and Response Components of Involvement* 一文；Alaszkiewicz RK 和 Hesling W 于 1986 年分别发表的论文 *Olympic Television Rights* 和 *The Pictorial Representation of Sports on Television*；刘建和于 1990 年发表的著作《运动竞赛学》；Baade R A 于 1990 年发表的 *An Analysis of Major League Baseball Attendance，1969—1987* 等。以上这些经典文献主要集中在心理学、管理学、经济学、传播学和运动竞赛学等领域，也正是这些相关领域的发展才奠定了体育赛事研究的坚实基础。二是文献共被引频次、中心性都比较高的关键文献集合，它们构成了体育赛事基本理论、体育赛事的经营与管理、体育赛事经济学和体育赛事评估等众多热点主题的研究基础和支柱。

(2) 体育赛事的无形资产保护、赛事影响评估、赛事观众基本特征、赛事赞助营销、赛事文化、赛事新媒体、城市品牌赛事、马拉松等主题是中国体育赛事研究领域前沿的一系列节点，这些主题的研究内容不断得到创新、扩展和深化。

第五章
中国体育赛事的研究前沿与研究主题

1965年Price最早提出"研究前沿"的概念,被引文献和施引文献从间接和直接的角度全面表征和推导特定领域的研究前沿,两者间的映射关系可以相互验证特定领域研究前沿探析的信度和效度。[①] 表5-1归纳了相关研究前沿与知识基础的不同定义。本章通过绘制文献共被引网络图谱,查找对应施引文献的主题词和关键词的频次,全面勾勒出中国体育赛事研究前沿与研究主题。以2000—2022年的789篇论文及参考文献为数据,设置相应的参数(节点类型选为共被引文献,阈值为15),运行CiteSpaceV6.1,可获得文献共被引网络知识图谱,见图5-1。

表5-1 知识基础和研究前沿的定义

作者	年份	研究前沿	知识基础	聚类	标签
Price	1965	对于一篇指定引文,是由被频繁引用的近期文献(30~50篇)组成的动态聚类	未定义	引文的最新行为	未定义
Small,Griffith	1974	共被引文献聚类	未定义	共被引	词集
Braan等	1991	集中关注的一系列相关问题和概念	未定义	共被引	词集
Garfield	1991	共被引文献聚类与引文的总和	未定义	共被引	未定义
Persson	1994	引用相同文献的文献	研究前沿的引文镜像	未定义	由标题词标注文献
Morris等	2003	常被一组固定的、与时间无关的基本文献引用的一组文献	固定的、与时间无关的文章群	文献耦合	由人工提取标题词标注聚类

---

① 张锐.基于知识图谱的中国品牌理论演进研究[D].中国矿业大学,2013.

续表

作者	年份	研究前沿	知识基础	聚类	标签
Chaomei Chen	2009	正在兴起的理论趋势和新主题的涌现	共被引网络	共被引文献和引用这些文献的术语的复合网络	从题目、摘要中提取的专业术语和出现频率突然增加的专业术语
许振亮	2010	以共被引文献作为知识基础的施引文献所组成的集合，一定程度上可指施引文献集合的主要部分，即表征某一研究领域代表性思想的进展状态，而且某一研究领域的研究前沿、研究主题，可以在对作为知识基础的代表性和关键性被引文献之相关内容进行理解的基础上，结合施引文献的标题，或在摘要中高频出现的词语或短语，或高频出现的关键词来进行统计性的推断和确定	由已发文献通过共被引关系而形成的共被引网络，其表现形态即为共被引文献所形成的聚类，而且在相当长的一段时间里非常稳定	共被引文献和引用这些文献的术语的复合网络	标题、词语、短语、关键词

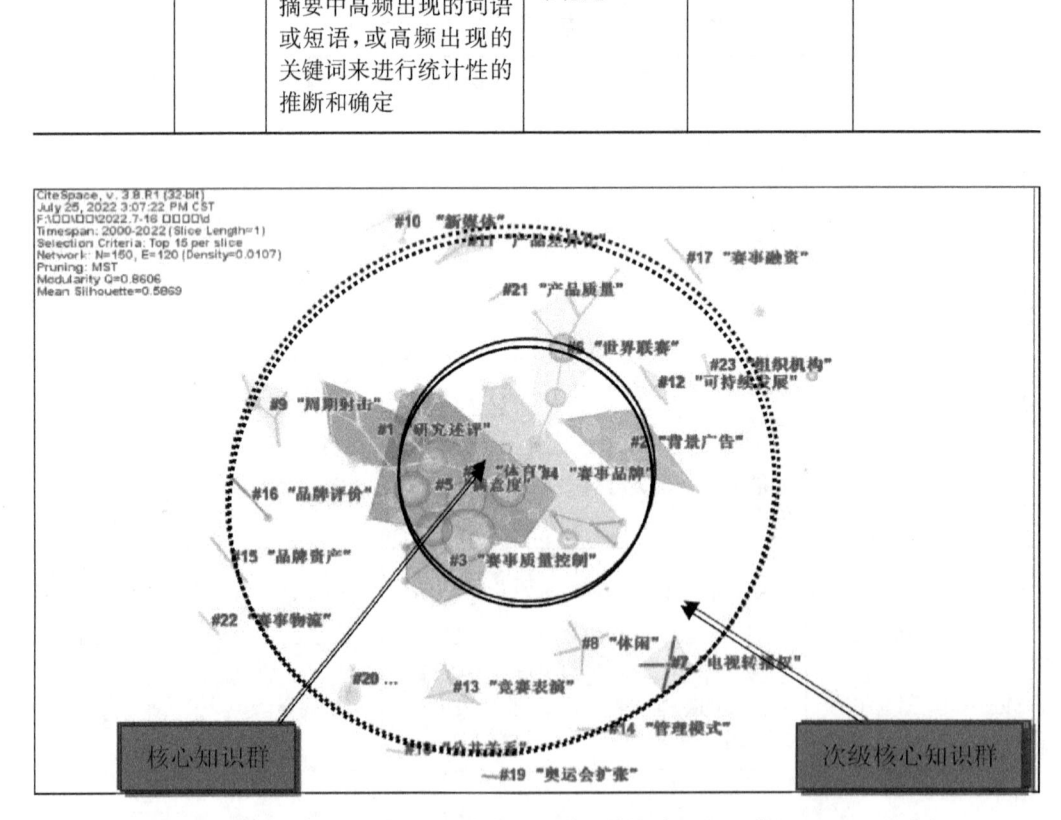

图 5-1 基于文献共被引的中国赛事研究前沿的聚类知识图谱（2000—2022 年）

第一节 基于文献共被引的中国体育赛事研究前沿聚类分析

在图5-1所示知识图谱的基础上,启动聚类功能,基于文献共被引关系形成的聚类簇群将会根据关系的紧密程度而自动呈现,并用不同的颜色对产生聚类关系的文献进行填充。CiteSpaceV6.1软件可以自动为文献共被引的聚类进行标注,标注主要来源有标题、关键词和摘要三种。根据研究的需要,进行自动标识抽取词组的算法有TF*IDF,LLR和IM等三种,进而组合成9种可选择的聚类自动标示方法[①]。结果各共被引聚类文献之施引文献的重要关键词,将在各文献"聚类面积"中分别被呈现出来,具体的聚类标识信息如表5-2所示。

表5-2 中国体育赛事理论研究文献共被引聚类信息(2000—2022年)

簇	数量	轮廓	平均年份	标识信息(TF*IDF)	标识信息(LLR)	标识信息(IM)
#0	15	0.969	2002	(9.79)"体育";(9.79)"比赛";(9.79)"经济效应";(7.9)"目标消费群";(7.9)"波及传导效应"	"体育";"比赛";"经济效应"(13.83,0.001);"体育赛事";"消费者类型";"目标消费群";"营销策略"(9.14,0.005);"大型体育赛事";"产业关联";"波及传导效应"(9.14,0.005);	"大型体育赛事";"媒介传播";"利益相关者";"利益主体"
#1	12	0.9	2005	(12.17)"研究述评";(12.17)"国内外大型体育";(11.01)"城市发展";(9.79)"上海atp1000大师赛";(9.79)"评价"	"国内外大型体育";"大型体育赛事";"城市发展";"研究述评"(25.37,1.0E-4);"体育赛事";"经济影响";"评价";"上海atp1000大师赛"(14.9,0.001);"体育赛事";"风险";"风险管理";"体系";"构建"(6.19,0.05);	"体育赛事";"体育赛事赞助";"排他性";"排他性权利"

---

① 侯剑华.工商管理学科演进与前沿热点的可视化分析[D].大连理工大学,2009.

续 表

簇	数量	轮廓	平均年份	标识信息（TF * IDF）	标识信息（LLR）	标识信息（IM）
#2	12	1	2000	（13.02）"背景广告"；（13.02）"背景广告"；（11.13）"企校合作"；（9.79）"经纪市场"；（9.41）"双赢策略"	"高校"；"体育赛事"；"企校合作"；"双赢策略"（23.12, 1.0E-4）；"体育赛事"；"经纪市场"；"体育产业"（17.1, 1.0E-4）；"体育赛事"；"背景广告"；"模拟系统"；"虚拟现实技术"；"赞助商"（11.24, 0.001）；	"体育赛事"；"双赢策略"
#3	11	0.967	2004	（7.9）"赛事质量控制"；（7.9）"社会评价"；（7.9）"赞助回报"；（7.9）"体育经济学"；（7.9）"职业体育联赛"	"体育赛事"；"社会评价"；"经济评价"（10.03, 0.005）；"体育赛事赞助"；"赞助支持"；"赞助回报"；"概念"；"界定"（10.03, 0.005）；"体育经济学"；"职业体育联赛"；"赛事质量控制"（10.03, 0.005）；	"大型体育赛事"；"媒介传播"；"利益相关者"；"利益主体"
#4	11	0.864	2005	（12.15）"赛事品牌"；（11.62）"体育赛事转播权"；（11.01）"体育赛事转播权"；（10.86）"法律保护"；（9.79）"侵权行为"	"体育赛事"；"赛事品牌"；"法律保护"（19.6, 1.0E-4）；"大型体育赛事"；"赛事品牌"；"侵权行为"；"法律保护"（14.61, 0.001）；"体育赛事转播权"；"法律性质"；"侵权法"；"权利"；"利益"（9.65, 0.005）；	"体育赛事"；"体育赛事赞助"；"排他性"；"排他性权利"
#5	10	0.852	2003	（8.28）"满意度"；（7.9）"城市触媒"；（7.9）"生态环境"；（7.9）"产业结构"；（7.9）"涉入反应"	"f1赛事"；"持续性涉入"；"情境性涉入"；"涉入反应"；"满意度"（10.96, 0.001）；"大型体育赛事"；"城市触媒"；"城市发展"；"生态环境"；"产业结构"；"城市消费"（10.96, 0.001）；"国际体育赛事"；"政府规制"；"奥运会"（5.41, 0.05）；	"体育赛事"；"商业网络"；"交易关系"

续 表

簇	数量	轮廓	平均年份	标识信息（TF*IDF）	标识信息（LLR）	标识信息（IM）
#6	8	0.926	2002	（9.79）"世界联赛"；（9.79）"赛事期望"；（8.28）"满意度"；（7.9）"体育场馆设施"；（7.9）"女子篮球"	"女子篮球"；"世界联赛"；"赛事期望"；"满意度"（18.67，1.0E-4）；"体育场馆设施"；"城市体育赛事"；"体育设施融资研究"（12.24，0.001）；"体育赛事投资"；"体育风险投资"；"风险防范"（6.02，0.05）；	"体育管理"；"大型体育赛事"；"申办制度"
#7	5	1	1992	（9.17）"电视转播权"；（7.63）"体育产业"；（7.63）"体育产业"；（2.87）"体育赛事"；（1.28）"体育赛事"	"体育赛事"；"电视转播权"；"体育产业"（34.53，1.0E-4）；"体育法学"；"体育赛事"；"电视转播权"；"转让主体"；"受让主体"（4.93，0.05）；"体育赛事"；"商业网络"；"交易关系"（0.35，1.0）；	"体育法学"；"体育赛事"；"电视转播权"；"转让主体"；"受让主体"
#8	5	1	2003	（12.17）"休闲"；（12.17）"城市国家"；（4.82）"大型体育赛事"；（4.41）"大型体育赛事"；	"大型体育赛事"；"城市国家"；"休闲"（47.16，1.0E-4）；"体育赛事"；"商业网络"；"交易关系"（0.35，1.0）；"体育赛事"；"赛事品牌"；"法律保护"（0.3，1.0）；	"城市国家"
#9	5	1	1995	（9.79）"周期射击"；（9.79）"赛制改革"；（9.79）"训练因素"；（7.9）"全运会"；（2.03）"体育赛事"	"全运会"；"赛制改革"；"训练因素"；"周期射击"（24.66，1.0E-4）；"体育赛事"；"历史沿革"；"体育竞技"；"体育游戏"；"特殊事件"（7.66，0.01）；"体育赛事"；"赛事类型"；"竞赛管理"（7.66，0.01）；	"赛制改革"

续 表

簇	数量	轮廓	平均年份	标识信息(TF*IDF)	标识信息(LLR)	标识信息(IM)
#10	4	1	2004	(8.28)"新媒体";(8.28)"新媒体";(7.9)"转播权";(6.71)"法律保护";(6.68)"体育赛事转播权"	"体育法";"体育赛事转播权";"法律保护";"新媒体";"中国体育"(10.45,0.005);"体育赛事";"转播权";"财产权";"合同权"(6.95,0.01);"体育赛事";"电视转播权";"福利最大化";"反垄断";"联合";"博弈"(6.95,0.01);	"体育法";"体育赛事转播权";"法律保护";"新媒体";"中国体育"
#11	4	1	2004	(11.13)"产品差异化";(11.13)"竞争力";(11.13)"豪泰林模型";(2.52)"体育赛事";(1.17)"体育赛事"	"体育赛事";"产品差异化";"豪泰林模型";"竞争力"(39.49,1.0E-4);"体育赛事";"商业网络";"交易关系"(0.28,1.0);"体育赛事";"赛事品牌";"法律保护"(0.24,1.0);	"竞争力"
#12	4	1	1997	(11.13)"可持续发展";(11.13)"田径比赛";(9.79)"田径运动";	"田径运动";"田径比赛";"可持续发展"(39.49,1.0E-4);"体育赛事";"商业网络";"交易关系"(0.28,1.0);"体育赛事";"赛事品牌";"法律保护"(0.24,1.0);	"田径比赛"
#13	4	1	1997	(11.13)"竞赛表演";(11.13)"服务营销";(9.79)"运动竞赛";	"运动竞赛";"服务营销";"竞赛表演"(39.49,1.0E-4);"体育赛事";"商业网络";"交易关系"(0.28,1.0);"体育赛事";"赛事品牌";"法律保护"(0.24,1.0);	"竞赛表演"

续 表

簇	数量	轮廓	平均年份	标识信息(TF*IDF)	标识信息(LLR)	标识信息(IM)
#14	3	1	2002	(7.9)"管理模式";(7.9)"体育保险";(6.18)"风险管理";(5.74)"风险管理";(0.83)"体育赛事"	"体育赛事";"风险管理";"管理模式";"体育保险"(18.7,1.0E-4);"大型体育赛事";"风险管理";"综合集成"(6.08,0.05);"体育赛事";"商业网络";"交易关系"(0.21,1.0);	"大型体育赛事";"风险管理";"综合集成"
#15	3	1	1996	(9.79)"品牌资产";(9.79)"体验经济";(9.79)"赛事氛围";(2.03)"体育赛事";(1.03)"体育赛事"	"体育赛事";"品牌资产";"体验经济";"赛事氛围"(31.33,1.0E-4);"体育赛事";"商业网络";"交易关系"(0.21,1.0);"体育赛事";"赛事品牌";"法律保护"(0.18,1.0);	"赛事氛围"
#16	3	1	1993	(7.9)"品牌评价";(7.9)"匹配";(6.68)"赞助";	"解释水平";"匹配";"赞助";"品牌评价"(18.7,1.0E-4);"cba";"球迷参与度";"球队认同感";"广告态度";"赞助效益"(8.83,0.005);"体育赛事";"商业网络";"交易关系"(0.21,1.0);	"品牌评价"
#17	3	1	1999	(9.79)"赛事融资";(9.79)"单项体育赛事融资";(2.03)"体育赛事";(1.03)"体育赛事";	"体育赛事";"赛事融资";"单项体育赛事融资"(31.33,1.0E-4);"体育赛事";"商业网络";"交易关系"(0.21,1.0);"体育赛事";"赛事品牌";"法律保护"(0.18,1.0);	"赛事融资"
#18	2	1	2000	(7.9)"公共关系";(6.68)"危机公关";(5.95)"奥运会";(3.13)"大型体育赛事";(3.13)"大型体育赛事"	"奥运会";"大型体育赛事";"公共关系";"危机公关"(22.5,1.0E-4);"体育赛事";"商业网络";"交易关系"(0.14,1.0);"体育赛事";"赛事品牌";"法律保护"(0.12,1.0);	"危机公关"

续 表

簇	数量	轮廓	平均年份	标识信息（TF*IDF）	标识信息（LLR）	标识信息（IM）
#19	2	1	2003	（7.9）"奥运会扩张"；（3.13）"大型体育赛事"；（3.13）"大型体育赛事"；	"社会理论"；"大型体育赛事"；"奥运会扩张"（22.5，1.0E-4）"体育赛事"；"商业网络"；"交易关系"（0.14，1.0）"体育赛事"；"赛事品牌"；"法律保护"（0.12，1.0）；	"奥运会扩张"
#20	2	1	2004	…	"大型体育赛事"；"法律规制"；"厦门马拉松赛"（8.16，0.005）；"赛事旅游"；"主体功能区"；"成长机制"；"成长模式"（8.16，0.005）；"体育赛事"；"旅游发展"；"闽台"（8.16，0.005）；	"大型体育赛事选择"；"体育竞赛"；"定位"
#21	2	1	1998	（7.9）"产品质量"；（7.9）"体育产品"；（7.9）"顾客满意度"；（0.83）"体育赛事"；	"体育赛事"；"产品质量"；"顾客满意度"；"体育产品"（22.5，1.0E-4）；"体育赛事"；"商业网络"；"交易关系"（0.14，1.0）；"体育赛事"；"赛事品牌"；"法律保护"（0.12，1.0）；	"顾客满意度"
#22	2	1	1998	（7.9）"赛事物流"；（7.9）"需求预测"；	"北京奥运会"；"赛事物流"；"需求预测"（22.5，1.0E-4）"体育赛事"；"商业网络"；"交易关系"（0.14，1.0）；"体育赛事"；"赛事品牌"；"法律保护"（0.12，1.0）；	"赛事物流"
#23	2	1	1999	（11.13）"组织机构"；（8.28）"大型赛事"；（7.9）"北京奥组委"；（7.9）"解散"；（7.9）"任务型组织"	"大型赛事"；"组织机构"；"任务型组织"；"解散路径"；"北京奥组委"（16.99，1.0E-4）；"大型赛事"；"组织机构"；"解散"（16.99，1.0E-4）；"体育赛事"；"商业网络"；"交易关系"（0.28，1.0）；	"组织机构"

（备注：#24、#25、#26……为独立节点未形成聚类）

图5-1所示的当前我国体育赛事研究的前沿文献中,共被引聚类是24个,即聚类♯0至聚类♯23。我们借助CiteSpaceV6.1软件统计分析得出最大的7个聚类,分别是♯0、♯1、♯2、♯3、♯4、♯5和♯6。

根据彩色图谱中各聚类中节点的连线及聚类之间连线的颜色,可以发现聚类的形成时间和聚类之间发生"知识流动"的时间(见表5-3)。其中,聚类♯2、♯7到♯39聚类散布在图谱外围,未与其他聚类发生"知识流动"。

表5-3 中国体育赛事研究前沿文献共被引聚类"知识流动"矩阵

♯	0	1	3	4	5	6
0			2004	2004		
1				2005	2007	
3	2004			2006	2006	
4	2004	2005	2006		2004	2005
5		2007	2006	2004		
6				2005		

备注:表中阿拉伯数字表示两个聚类之间发生知识流动的年份。

立足图5-1中各聚类的空间布局,并借助表5-2和表5-3的综合分析可以发现,聚类♯0、♯1、♯2、♯3、♯4、♯5和♯6簇群最大,知识流动也最为紧密(聚类♯2除外),且均处于图谱的中心位置,因此,它们可以作为核心知识群;围绕核心知识群衍生出的聚类♯7到聚类♯23不仅簇群较小,而且无知识流动,位于边缘地带,可以作为次级知识群。

第二节 中国体育赛事研究前沿的核心知识群

在图5-1中,处于中心位置的7个重要聚类共同构成了中国体育赛事研究前沿的"核心知识群",结合CiteSpaceV6.1聚类功能提供的文献节点聚类信息(见表5-4),其研究主题包括"核心知识群1:赛事经营与管理""核心知识群2:风险管理、城市发展、经济影响""核心知识群3:体育赞助""核心知识群4:体育赛事经济学""核心知识群5:法律保护""核心知识群6:政府作用、赛事运营、城市营销"和"核心知识群7:赛事运作管理"。

表5-4 核心知识群文献共被引聚类节点信息(频次位列前5的列表)

簇	频率	中心度	作者	年份	来源	半衰期
0	12	0.15	纪宁	2004	北京:电子工业出版社	2
0	5	0.01	刘淇	2003	北京:北京出版社	3

续 表

簇	频率	中心度	作者	年份	来源	半衰期
0	5	0	陈云开	2003	上海:复旦大学出版社	3
0	4	0.03	陈云开	2003	上海体育学院学报	3
1	10	0.07	卢文云	2005	成都体育学院学报	5
1	7	0.01	董杰	2007	武汉体育学院学报	4
1	4	0.02	武胜奇	2009	天津体育学院学报	2
1	4	0	刘东波	2009	体育文化导刊	4
2	5	0.01	蔡俊五	2001	北京:人民体育出版社	3
2	5	0	高茂章	2007	宜春学院学报	2
2	3	0	蔡俊五	1999	北京体育师范学院学报	10
2	2	0	李海霞	2005	上海:上海体育学院	4
3	17	0.18	李南筑	2006	上海:复旦大学出版社	1
3	11	0.11	李南筑	2006	上海体育学院学报	1
3	5	0	李南筑	2002	上海体育学院学报	3
3	4	0	卢现祥	2003	北京:中国发展出版社	4
4	11	0.19	王子朴	2005	上海体育学院学报	3
4	7	0	马法超	2008	体育科学	5
4	6	0.1	王守恒	2007	北京:高等教育出版社	3
4	5	0	应华	2003	浙江体育科学	7
5	11	0.11	黄海燕	2007	体育科学	4
5	6	0	肖林鹏	2005	北京:北京体育大学出版社	6
5	5	0.03	沈建华	2004	沈阳体育学院学报	8
5	5	0	易剑东	2008	杭州:浙江大学出版社	5
6	10	0.06	王守恒	2005	首都体育学院学报	2
6	7	0.07	王庆伟	2006	天津体育学院学报	2
6	7	0.07	刘清早	2006	北京:人民体育出版社	2
6	2	0	查普曼·克里斯	2003	北京:电子工业出版社	4

一、核心知识群1:赛事经营与管理

在核心知识群1中,15篇引用文献形成了一个聚类,簇标识为0。其中有8篇主要被引文献(见表5-5)。8篇文献中最关键节点文献是纪宁2004年出版的著作《体育赛事的经营与管理》,其被引频次是12次,中心度为0.15。该书是国内第一部系统探讨体育赛事经营与管理的著作。

表5-5 核心知识群1:文献共被引网络重要节点信息及其作用(2000—2022年)

标签及关键节点文献	节点文献对核心知识群1的贡献	中心性	被引频次
#0 纪宁.体育赛事的经营与管理[M].北京:电子工业出版社,2004.	构架了体育赛事的经营与管理理论的框架体系	0.15	12
#0 王桂忠.广州申办2010亚运会的必要性和可行性[J].体育学刊,2004(01):33-35.	实证分析了申办大型体育赛事的影响效应	0.07	2
#0 陈云开.现代体育组织赛事营销的性质及基本策略.[J]上海体育学院学报,2003(04):4.	提出了基于营销学理论基础的体育赛事营销的概念、价值和基本策略	0.03	4
#0 乐后圣.奥运产业化营运:同政府官员与企业人士谈奥运经济[M].北京:中国时代经济出版社,2002.	诠释了奥运产业化营运的战略行为理论	0.03	4
#0 刘淇.北京奥运经济研究[M].北京:北京出版社,2003.	揭示了北京奥运经济效应	0.01	5
#0 耿力中.体育市场营销:决策与运作[M].北京:人民体育出版社,2004.	从经济学角度论述了体育市场的基本内容及市场的决策与研究方法	0.01	3
#0 陈云开.赛事经营管理概论[M].上海:复旦大学出版社,2003.	阐释了赛事经营的基本方法、赛事无形资产经营、服务营销管理、赛事策划与包装、赛事博彩,分析了中国体育竞赛表演市场的环境等	0	5

结合CiteSpaceV6.1Ⅲ聚类功能提供的聚类信息,共有17篇施引文献与15篇作为知识基础的被引文献相对应,从时间上看最早出现于2006年。其中,施引频次大于2的文献有5篇(见表5-6)。查阅这些施引文献发现文献的关键词主要集中在商业网络、媒介传播、经营风险、波及效应、营销策略、产业关联、交易关系、市场开发、经济效应、社会软环境等方面。这表明随着体育赛事研究的进一步展开,经营与管理理论发挥了重要作用,由此进一步推理可得出,核心知识群1的研究主题主要集中在"以经营与管理理论为基础的体育赛事经营管理"方面。

表5-6 核心知识群1研究前沿文献:共被引文献对应的高活跃度施引文献(2000—2022年)

文献	施引频次	标签
杨炯,唐晓彤.大型体育赛事的相关经济效应问题研究[J].中国体育科技,2006(03):17-20.	5	#0
罗建英,丛湖平.商业性体育赛事网络结构特征及其关系[J].中国体育科技,2010,30(04):11-20.	3	#0

续表

文献	施引频次	标签
唐晓彤,丛湖平.大型体育赛事的产业关联和波及效应的理论研究[J].成都体育学院学报,2006(04):11-15.	2	#0
楼小飞,王奕俊.赛事消费者分类与营销策略分析[J].武汉体育学院学报,2006(11):33-36.	2	#0
赵斌.K-1比赛市场化运营经验对我国散打赛事市场化的启示[J].上海体育学院学报,2010,34(02):24-27.	2	#0

二、核心知识群2：风险管理、城市发展、经济影响

在核心知识群2中，12篇作为知识基础的被引文献形成了一个聚类，簇标识为1。其中，主要被引文献有6篇(见表5-7)，包括风险管理、城市发展、产业经济学三个主要理论。

表5-7 核心知识群2：文献共被引网络重要节点信息及其作用(2000—2022年)

标签及关键节点文献	节点文献对核心知识群2的贡献	中心性	被引频次
#1 卢文云.大型体育赛事的风险及风险管理[J].成都体育学院学报,2005(05):18-22.	分析了大型体育赛事的风险类型、产生缘由，并提出了大型体育赛事的风险管理模式	0.07	10
#1 张林.改革开放30年我国体育产业发展回顾[J].上海体育学院学报,2008(04):1-5.	评述体育产业研究进展，诠释了体育赛事推进器作用	0.03	2
#1 Dwyer, Larry. Estimating the Impacts of Special Events on an Economy[J]. Journal of Travel Research, 2005(43):351-359.	构建CGE模型，揭示特殊事件对经济的影响	0.03	2
#1 武胜奇.体育赛事文化对城市文化核心竞争力的影响及提升路径选择[J].天津体育学院学报,2009(06):480-483.	诠释体育赛事与城市文化之间的关系	0.02	4
#1 勒卡达内.大事件：作为都市发展的新战略工具[J].时代建筑,2003(04):28-33.	揭示事件和城市发展之间的关系	0.02	2
#1 Quinn, Bernadette. Arts Festivals and the City[J]. Urban Studies, 2005(42):927-943.	揭示艺术节和城市发展的关系	0.01	3

结合 CiteSpaceV6.1 聚类功能提供的聚类信息,共有 13 篇施引文献与 12 篇作为知识基础的被引文献相对应,从时间上看最早出现于 2010 年。其中,施引频次大于 2 的文献有 3 篇(见表 5-8)。查阅这些施引文献发现文献的关键词主要集中在城市发展、经济影响、风险管理、风险评估、体育赛事产业集群等方面。这表明随着体育赛事研究的进一步展开,风险管理、城市发展、产业经济学的理论和思想发挥了重要的作用,由此进一步推理得出,核心知识群 2 的研究主题主要集中在"以风险管理、城市发展、产业经济学为理论基础的赛事研究"方面。

表 5-8 核心知识群 2 研究前沿文献:共被引文献对应的高活跃度施引文献(2000—2022 年)

文献	施引频次	标签
徐成立,刘关如,刘聪,田静.国内外大型体育赛事与城市发展的研究述评[J].上海体育学院学报,2011,35(04):36-41+73.	5	#1
黄海燕.体育赛事经济影响评价的实证研究[J].上海体育学院学报,2011,35(03):1-6+13.	3	#1
龙苏江.大型体育赛事风险分析及风险管理体系的构建[J].体育与科学,2010,31(03):65-68.	2	#1

三、核心知识群 3:体育赞助

在核心知识群 3 中,12 篇作为知识基础的被引文献形成了一个聚类,簇标识为 2。其中有 3 篇主要被引文献(见表 5-9),主要包括体育赞助理论。

表 5-9 核心知识群 3:文献共被引网络重要节点信息及其作用(2000—2022 年)

标签及关键节点文献	节点文献对核心知识群 3 的贡献	中心性	被引频次
#2 蔡俊五.体育赞助:双赢之策[M].北京:人民体育出版社,2001	揭示赞助的起源、性质和概念,探索企业如何开展体育赞助,体育部门赞助营销方法,赞助的实施和效果评定,体育经纪人的作用和运作,体育赞助的法律问题,我国体育赞助的现状和发展对策,体育赞助的发展趋势等内容	0.01	5
#2 高茂章.电视直播足球赛事背景广告曝光参数测定方法及应用[J].宜春学院学报,2007(02):78-80.	以广告曝光参数测定方法应用为例,揭示体育赞助的具体实施	0	5
#2 蔡俊五.体育赞助的起源、地位和魅力[J].北京体育师范学院学报,1999(04):13-20.	揭示体育赞助的起源、地位和十大魅力	0	3

结合 CiteSpaceV6.1 聚类功能提供的聚类信息,共有 8 篇施引文献与 12 篇作为知识基础的被引文献相对应,从时间上看最早出现于 2003 年。其中,施引频次大于 2 的文献有 3 篇(见表 5-10)。查阅这些施引文献发现文献的关键词主要集中在双赢策略、经纪市场、背景广告、模拟系统、虚拟技术、预测方法、弱全面覆盖、全面覆盖、记忆效果、曝光参数等方面。这表明随着体育赛事研究的进一步展开,体育赞助理论发挥了重要作用,由此进一步推理得出,核心知识群 3 的研究主题主要集中在"以体育赞助理论为基础的体育赛事赞助"方面。

表 5-10 核心知识群 3 研究前沿文献:共被引文献对应的高活跃度施引文献(2000—2022 年)

文献	施引频次	标签
赵剑,余双立.高校体育赛事企校合作的双赢策略构想[J].天津体育学院学报,2004(02):91-93.	4	#2
杨继蓉,谢慧松.对我国体育赛事经纪市场的分析[J].北京体育大学学报,2003(03):304-306.	3	#2
肖毅,张峰筠,陈锡尧.体育赛事背景广告设置模拟系统的研制及应用[J].上海体育学院学报,2011,35(03):20-22+37.	2	#2

四、核心知识群 4:体育赛事经济学

在核心知识群 4 中,11 篇作为知识基础的被引文献形成了一个聚类,簇标识为 3。其中有 5 篇主要被引文献(见表 5-11)。其中最关键节点文献主要是李南筑在 2006 年发表的著作《体育赛事经济学》,被引频次为 17 次,中心度为 0.18。他为体育赛事研究引入了新制度经济学理论,并用经济学的方法来解释体育赛事的经济现象,以及通过建立体育赛事经济模型来指导有关体育赛事产业建设策略的制定。另一个关键节点是李南筑在 2006 年发表的《体育赛事的公共产品性质》一文,被引频次内 11 次,中心度为 0.11。该文阐述了体育赛事公共产品的经济学性质。

表 5-11 核心知识群 4:文献共被引网络重要节点信息及其作用(2000—2022 年)

标签及关键节点文献	节点文献对核心知识群 4 的贡献	中心性	被引频次
#3 李南筑.体育赛事经济学[M].上海:复旦大学出版社,2006.	系统阐述体育赛事经济问题	0.18	17
#3 李南筑.体育赛事的公共产品性质[J].上海体育学院学报,2006(04):10-17+22.	揭示体育赛事的公共产品性质	0.11	11
#3 黄海燕.政府主导下的体育市场化进程分析[J].体育科研,2005(06):10-17+22.	分析我国体育市场化进程,阐述政府主导手段的选择	0.01	3

续 表

标签及关键节点文献	节点文献对核心知识群4的贡献	中心性	被引频次
#3 万建华.利益相关者管理[M].深圳:海天出版社,1998.	系统阐述利用相关者管理理论	0.01	3
#3 李德顺.价值论[M].北京:中国人民大学出版社,2007.	分析梳理价值论基础和现实的实践形态等问题	0.01	1

结合CiteSpaceV6.1聚类功能提供的聚类信息,共有16篇施引文献与11篇作为知识基础的被引文献相对应,从时间上看最早出现于2005年。其中,施引频次大于2的文献有3篇(见表5-12)。查阅这些施引文献发现文献的关键词主要集中在经济评价、体育经济学、赞助支持、赛事质量控制、利益相关者、服务保障、利益诉求、体育政策、商业网络、交易特征等方面。这表明随着体育赛事研究的进一步展开,经济学理论发挥了重要作用,进一步推理得出,核心知识群4的研究主题主要集中在"以经济学理论为基础的体育赛事经济学"方面。

表5-12 核心知识群4研究前沿文献:共被引文献对应的高活跃度施引文献(2000—2022年)

文献	施引频次	标签
李南筑,姚芳.体育赛事评价:社会评价的涵义[J].上海体育学院学报,2009,33(05):7-11+15.	2	#3
张颖慧,姚芳,李南筑.体育赛事赞助的概念分析与界定[J].上海体育学院学报,2010,34(02):19-23.	2	#3
黄继珍,张保华,赵灵峰.职业体育联赛赛事的质量特征及质量控制[J].体育学刊,2010,17(08):33-36.	2	#3

五、核心知识群5:法律保护

在核心知识群5中,11篇作为知识基础的被引文献形成了一个聚类,簇标识为4。其中有7篇主要被引文献(见表5-13),包括赛事管理、法律和赛事基础理论三个理论。

表5-13 核心知识群5:文献共被引网络重要节点信息及其作用(2000—2022年)

标签及关键节点文献	节点文献对核心知识群5的贡献	中心性	被引频次
#4 王子朴.体育赛事类型的分类及特征[J].上海体育学院学报,2005(06):20-28.	揭示体育赛事类型的分类及特征,为进一步研究作铺垫	0.19	11
#4 王守恒.体育赛事管理[M].北京:高等教育出版社,2007.	从理论探索、实际运作、实践分析三个层面,阐述体育赛事管理	0.1	6

续 表

标签及关键节点文献	节点文献对核心知识群5的贡献	中心性	被引频次
#4 周进强.我国职业体育俱乐部经营中的若干法律问题[J].天津体育学院学报,2001(01):29-33.	分析我国职业体育俱乐部经营中的若干法律问题	0.05	3
#4 徐伟.体育赛事基本理论探究[J].吉林体育学院学报,2006(02):12-14.	阐述体育赛事基本理论问题,为以后研究提供理论依据	0.03	4
#4 吕予锋.对竞技体育运动员权益保护有关问题的分析和建议[J].首都体育学院学报,2003(04):21-24.	剖析运动员权益保护的现状、存在的法律和政策障碍、历史成因,提出了针对性的意见和建议	0.02	2
#4 徐康平.试论体育比赛的知识产权化——从电视转播权的交易谈起[J].北京工商大学学报,2008(04):109-115.	揭示体育比赛的知识产权化	0.02	2
#4 马法超.体育赛事转播权法律性质研究[J].体育科学,2008(01):66-70+88.	揭示体育赛事转播权法律性质	0	7

结合CiteSpaceV6.1聚类功能提供的聚类信息,共有11篇施引文献与11篇作为知识基础的被引文献相对应,从时间上看最早出现于2010年。其中,施引频次大于2的文献有6篇(见表5-14)。查阅这些施引文献发现文献的关键词主要集中在法律保护、侵权行为、交易关系、体育赛事转播权、法律性质、合同法、体育法、劳动理论、排他性权利等方面。这表明随着社会的进步和经济的发展,在体育赛事产业化、市场化过程中,体育赛事的法律理念对体育赛事管理的研究发挥了重要的作用,由此可以进一步推理得出,核心知识群5的研究主题主要集中在"以相关法律理论为基础的体育赛事的法律保护"方面。

表5-14 核心知识群5研究前沿文献:共被引文献对应的高活跃度施引文献(2000—2022年)

文献	施引频次	标签
潘建华.体育赛事品牌的法律保护研究[J].西安体育学院学报,2010,27(02):158-161.	5	#4
陈杰.大型体育赛事的品牌侵权行为表现及其法律保护[J].西安体育学院学报,2010,27(04):419-421.	3	#4
罗建英,丛湖平.商业性体育赛事网络结构特征及其关系[J].体育科学,2010,30(04):11-20.	2	#4
张志伟.体育赛事转播权法律性质研究——侵权法权益区分的视角[J].体育与科学,2013,34(02):46-50.	2	#4
张志伟.体育赛事转播权的法律保护路径[J].武汉体育学院学报,2013,47(05):53-57.	2	#4
马法超.体育赛事转播权的正当性[J].体育学刊,2010,17(04):19-23.	2	#4

六、核心知识群6：政府作用、赛事运营、城市营销

在核心知识群6中，10篇作为知识基础的被引文献形成了一个聚类，簇标识为5。其中有4篇主要被引文献（见表5-15），包括赛事运营、城市营销、项目管理三个理论。

表5-15 核心知识群6：文献共被引网络重要节点信息及其作用（2000—2022年）

标签及关键节点文献	节点文献对核心知识群6的贡献	中心性	被引频次
#5 黄海燕.上海大型单项体育赛事运营中政府作用之研究[J].体育科学,2007(02):17-25.	提出并分析体育赛事运营中政府作用	0.11	11
#5 沈建华.大型体育赛事对城市形象的塑造[J].沈阳体育学院学报,2004(06):745-746+785.	揭示大型体育赛事对城市形象的塑造	0.03	5
#5 黄海燕.体育赛事综合影响事前评估[D].上海体育学院,2009.	构建较为科学、完整的体育赛事综合影响事前评估理论与方法体系	0.02	3
#5 肖林鹏.体育赛事项目管理[M].北京:北京体育大学出版社,2005.	系统阐述体育赛事项目管理理论	0	6

结合CiteSpaceV6.1聚类功能提供的聚类信息，共有13篇施引文献与10篇作为知识基础的被引文献相对应，从时间上看最早出现于2010年。其中，施引频次大于2的文献有3篇（见表5-16）。查阅这些施引文献发现文献的关键词主要集中在满意度、国际体育赛事、大型体育赛事、政府作用模式、城市发展、形象塑造、政府资助、政府规制、管理信息系统、系统建模等方面。这表明随着我国体育赛事的产业化和市场化，政府行为和市场行为相结合的体育赛事组织模式研究的进一步展开，项目管理、城市营销理论发挥了重要的作用，因此进一步推理得出，核心知识群6的研究主题主要集中在"以项目管理、城市营销理论为基础的体育赛事组织运营管理"方面。

表5-16 核心知识群6研究前沿文献：共被引文献对应的高活跃度施引文献（2000—2022年）

文献	施引频次	标签
刘春济,冯学钢,郑晓涛.F1赛事游客涉入与涉入反应的关系研究：以满意度为中介[J].武汉体育学院学报,2014,48(03):43-50.	2	#5
田静,徐成立.大型体育赛事对城市发展的影响机制[J].北京体育大学学报,2012,35(12):7-11.	2	#5
邢尊明,宋振镇.墨尔本大型体育赛事组织管理中的政府作用模式研究[J].天津体育学院学报,2011,26(03):215-219.	2	#5

七、核心知识群 7：赛事运作管理

在核心知识群 7 中，8 篇作为知识基础的被引文献形成了一个聚类，簇标识为 6，其中有 7 篇主要被引文献（见表 5-17）。

表 5-17　核心知识群 7：文献共被引网络重要节点信息及其作用（2000—2022 年）

标签及关键节点文献	节点文献对核心知识群 7 的贡献	中心性	被引频次
#6　刘清早.体育赛事运作管理［M］.北京：人民体育出版社，2006.	构建基于实践经验的体育赛事运作管理理论框架体系	0.07	7
#6　王庆伟.我国体育赛事向市场化运作过渡阶段的特征研究［J］.天津体育学院学报，2006（02）：139-143.	揭示市场化运作过渡阶段体育赛事的特征	0.07	7
#6　王守恒.体育赛事的界定及分类［J］.首都体育学院学报，2005（02）：1-3+21.	阐述体育赛事理论的基本问题	0.06	10
#6　Packianathan Chelladurai. Targets and Standards of Quality in Sport Services［J］. Sport Management Rev，2000(3)：1-22.	构建基于质量目标、标准、评价的体育赛事产品质量框架体系	0.03	1
#6　帕克豪斯，伯尼.体育管理学：基础与应用［M］.北京：清华大学出版社，2003.	阐述西方体育管理学的理论体系	0.01	2
#6　查普曼·克里斯.项目风险管理：过程、技术和洞察力［M］.北京：电子工业出版社，2003.	系统阐述项目风险管理的实践过程	0	2
#6　张学敏.公共经济学概论［M］.重庆：西南师范大学出版社，2004.	阐述我国公共部门的经济职能、公共产品理论、公共选择理论、公共支出、收入和第三部门参与公共经济活动等问题	0	2

结合 CiteSpaceV6.1 聚类功能提供的聚类信息，共有 8 篇施引文献与 8 篇作为知识基础的被引文献相对应，从时间上看最早出现于 2007 年。其中，施引频次大于 2 的文献有 2 篇（见表 5-18）。查阅这些施引文献发现文献的关键词主要集中在满意度、筹资、市场失灵、市场化、运营、体育管理、申办制度、项目管理、风险管理等方面。这表明随着转型阶段体育赛事市场的发展，管理学对体育赛事研究发挥了重要的作用，由此进一步推理得出，核心知识群 7 的研究主题主要集中在"以管理学理论为基础的体育赛事运作管理"方面。

表 5-18 核心知识群 7 研究前沿文献：共被引文献对应的高活跃度施引文献（2000—2022 年）

文献	施引频次	标签
俞爱玲.世界女子篮球联赛绍兴市场现场观众特征、赛事期望与满意度调查[J].中国体育科技,2007(03):31-35+46.	3	#6
陈元欣,王健.经营城市与综合性大型赛事场馆设施融资研究[J].体育与科学,2007(01):55-60.	2	#6

第三节 中国体育赛事理论研究前沿的次级知识群

图 5-1 中，在"核心知识群"的周围衍生出了由若干个小聚类叠加而成的"次级知识群"，其研究主题分别为"次级知识群 1：体育赛事转播""次级知识群 2：国外大型体育赛事与城市（国家）发展的研究""次级知识群 3：运动竞赛学""次级知识群 4：体育赛事产业竞争力""次级知识群 5：体育赛事营销""次级知识群 6：项目管理""次级知识群 7：赛事品牌""次级知识群 8：体育赞助营销""次级知识群 9：体育赛事融资""次级知识群 10：公共关系""次级知识群 11：社会理论""次级知识群 12：体育赛事旅游""次级知识群 13：体育赛事物流管理""次级知识群 14：任务型组织"，这是当代中国赛事理论研究前沿的进一步延伸。

一、次级知识群 1：体育赛事转播

在次级知识群 1 中，8 篇作为知识基础的被引文献形成了两个聚类，簇标识为 7、10，其中有 5 篇主要被引文献（见表 5-19）。

表 5-19 核心知识群 1：文献共被引网络重要节点信息及其作用（2000—2022 年）

标签及关键节点文献	节点文献对次级知识群 1 的贡献	中心性	被引频次
#10 张厚福.论运动竞赛表演的知识产权保护[J].体育科学,2001(02):18-22+33.	提出并分析如何进行运动竞赛表演的知识产权保护	0	4
#7 翁飚.如何推算体育比赛电视转播权的转让价格[J].体育文史,1999(06):39-41.	揭示体育比赛电视转播权的转让价格	0	3
#10 倪刚.国内外体育比赛电视转播权营销策略的研究[J].成都体育学院学报,2002(03):11-13.	在分析对比国内外赛事转播和营销方式的基础上，构建我国赛事转播权营销机制	0	3

续 表

标签及关键节点文献	节点文献对次级知识群1的贡献	中心性	被引频次
#10 熊任翔.论体育比赛电视转播权的国际保护[D].长沙:湖南师范大学,2004.	提出并分析了基于国际视角的体育比赛电视转播权法律保护现状	0	2
#10 周建克.奥运会新媒体传播探析[J].浙江体育科学,2009(06):6-8.	回顾新媒体传播的历史,阐述奥运会新媒体传播的优势,提出了规范措施	0	2

结合CiteSpaceV6.1聚类功能提供的聚类信息,共有8篇施引文献与8篇作为知识基础的被引文献相对应,从时间上看最早出现于2000年。其中,施引频次大于2的文献有3篇(见表5-20)。查阅这些施引文献发现文献的关键词主要集中在电视转播权、体育产业、体育赛事转播权、有效开发、法律保护、新媒体、体育法学、转让主体、受让主体、财产权、合同权、著作权保护、邻接权、物权人等方面。这表明随着体育赛事电视转播、新媒体传播研究的进一步展开,营销理念、法律保护理念发挥了重要的作用,由此进一步推理得出,次级知识群1的研究主题主要集中在"以营销、法律理论为基础的体育赛事转播权"方面。

表5-20 次级知识群1研究前沿文献:共被引文献对应的高活跃度施引文献(2000—2022年)

文献	施引频次	标签
张立,石磊,黄文卉,朱国生,叶新新.我国体育赛事电视转播权研究[J].天津体育学院学报,2000(02):18-21.	4	#7
张玉超,李红卫.我国体育赛事新媒体转播权的法律保护[J].体育学刊,2011,18(04):71-77.	2	#10
汪全胜,戚俊娣.体育赛事电视转播权转让的法律关系考察[J].武汉体育学院学报,2011,45(07):36-41.	2	#7

二、次级知识群2:大型体育赛事与城市(国家)发展研究

在次级知识群2中,5篇作为知识基础的被引文献形成了一个聚类,簇标识为8。其中有5篇主要被引文献(见表5-21),包括世界杯、悉尼奥运会等大型体育赛事影响的研究。

表5-21 次级知识群2:文献共被引网络重要节点信息及其作用(2000—2022年)

标签及关键节点文献	节点文献对次级知识群2的贡献	中心性	被引频次
#8 Baade, Robert A. Quest for the Cup: Assessing the Economic Impact of the World Cup [J]. Regional Studies, 2004(38):343-354.	揭示世界杯的经济影响	0	3

续　表

标签及关键节点文献	节点文献对次级知识群2的贡献	中心性	被引频次
#8　Robert Baade. Bidding for the Olympics: Fool's Gold？: Transatlantic Sport: The Comparative Economics of North American and European Sports[M]. London: Edward Elgar, 2002.	揭示北美和欧洲的运动模型的相似性和差异性,评估了当地社区中体育活动的影响	0	2
#8　Robert Baade. An Economic Slam Dunk or March Madness？Assessing the Economic Impact of the NCAA Bashketball Tournament in Ec-onomics of College Sports[M]. Westport: Praeger Publishers, 2004	阐述高校体育赛事NCAA的经济影响	0	2
#8　Holger Preuss. Impact and Evaluation of Major Sporting Even-ts[M]. New York: Routledge, 2007.	系统阐述大型体育赛事的影响和评价	0	1
#8　Helen Jefferson Lenskyi. Best Olympic Ever？Social Impact of Sydney 2000[M]. New York: State University of New York Press, 2002.	阐述了2000年悉尼奥运会的影响	0	1

　　结合CiteSpaceV6.1聚类功能提供的聚类信息,共有3篇施引文献与5篇作为知识基础的被引文献相对应,从时间上看最早出现于2010年。其中,施引频次大于2的文献有3篇(见表5-22)。查阅这些施引文献发现文献的关键词主要集中在大型体育赛事、城市、国家、休闲、城市发展等方面。这表明随着我国体育赛事研究的进一步展开,国外大型体育赛事影响的相关研究对此研究发挥了重要的影响,因此进一步推理得出,次级知识群2的研究主题主要集中在"以城市发展理论为基础的大型体育赛事与城市(国家)发展的研究"方面。

表5-22　次级知识群2研究前沿文献:共被引文献对应的高活跃度施引文献(2000—2022年)

文献	施引频次	标签
谭艺,王广进,胡晓庆,祝建汲.西方国家对大型体育赛事与城市(国家)研究述评[J].体育与科学,2012,33(01):70-77+82.	5	#8
徐成立,刘关如,刘聪,田静.国内外大型体育赛事与城市发展的研究述评[J].上海体育学院学报,2011,35(04):36-41+73.	2	#8
曹庆荣,雷军蓉.城市发展与大型体育赛事的举办[J].西安体育学院学报,2010,27(04):399-401+412.	2	#8

三、次级知识群 3：运动竞赛学

在次级知识群 3 中，9 篇作为知识基础的被引文献形成了两个聚类，簇标识为 9、12，其中有 2 篇主要被引文献（见表 5-23）。

表 5-23 核心知识群 3：文献共被引网络重要节点信息及其作用（2000—2022 年）

标签及关键节点文献	节点文献对次级知识群 3 的贡献	中心性	被引频次
#9 刘建和.运动竞赛学[M].成都：四川教育出版社，1990.	阐述运动竞赛的起源、发展规律及趋势，揭示运动竞赛过程的内部结构与活动情况	0	5
#12 文超.田径运动高级教程[M].北京：人民体育出版社，1996	揭示田径运动技术基础理论	0	1

结合 CiteSpaceV6.1 聚类功能提供的聚类信息，共有 3 篇施引文献与 9 篇作为知识基础的被引文献相对应，从时间上看最早出现于 2003 年。其中，施引频次大于 2 的文献有 2 篇（见表 5-24）。查阅这些施引文献发现，文献的关键词主要集中在田径运动、比赛、训练改革、全运会、赛制改革、体育赛事、历史沿革、体育竞技、体育游戏、特殊事件、赛事类型等方面。这表明随着我国体育事业的发展，运动竞赛学作为体育赛事的核心发挥了重要作用，因此进一步推理得出，次级知识群 3 的研究主题主要集中在"体育赛事核心内容运动竞赛学的研究"方面。

表 5-24 次级知识群 3 研究前沿文献：共被引文献对应的高活跃度施引文献（2000—2022 年）

文献	施引频次	标签
李春雷，2003，从世界三大田径赛事和全运会田径比赛看我国田径实力及今后努力方向	5	#12
袁守龙，2005，对全运会周期射击赛事制度改革后训练学因素变化的研究	2	#9

四、次级知识群 4：体育赛事产业竞争力

在次级知识群 4 中，5 篇作为知识基础的被引文献形成了一个聚类，簇标识为 11，其中有 5 篇主要被引文献（见表 5-25）。

表 5-25 核心知识群 4：文献共被引网络重要节点信息及其作用（2000—2022 年）

标签及关键节点文献	节点文献对次级知识群 4 的贡献	中心性	被引频次
#11 刘小铁.产业竞争力研究综述[J].当代财经，2003(11)：85-88.	揭示产业竞争力的内涵、决定因素、评价指标、理论依据、产业竞争力与国家竞争力、企业竞争力的关系等问题	0	3

续 表

标签及关键节点文献	节点文献对次级知识群4的贡献	中心性	被引频次
#11 Weistart John C. League control of market opportunities: a perspective on competition and cooperation in the sports industry[J].Duke Law Journal,2004(33):1013-1070.	揭示基于体育产业竞争与合作的视角的联盟控制权问题	0	3
#11 Armstrong M. Competition in two—sided markets[J]. Rand Journal of Economics,2006(01):170-184.	提出基于贝特朗平台之间的竞争模型,分析了主要平台平衡可持续发展双边市场的特点		3
#11 武军.国内外体育产业比较研究[J].生产力研究,2006(05):183-184+218.	阐述国内外体育产业发展现状,提出我国发展策略		3

结合CiteSpaceV6.1聚类功能提供的聚类信息,共有3篇施引文献与5篇作为知识基础的被引文献相对应,从时间上看最早出现于2008年。其中,施引频次大于2的文献有3篇(见表5-26)。查阅这些施引文献,发现文献的关键词主要集中在产品差异化、豪泰林模型、竞争力、双边市场、多归属、赞助商、赛事竞争等方面。这表明随着我国体育赛事产业快速的发展,产业竞争力理论的研究发挥了重要作用,因此进一步推理得出,次级知识群4的研究主题主要集中在"以产业竞争力理论为基础的体育赛事产业发展"方面。

表5-26 次级知识群4研究前沿文献:共被引文献对应的高活跃度施引文献(2000—2022年)

文献	施引频次	标签
昝胜锋,顾江.体育赛事产品差异化:以NBA2007中国赛为例[J].武汉体育学院学报,2008(03):34-37.	4	#11
昝胜锋,朱文雁,顾江.双边市场视角下的体育赛事差异化竞争策略[J].体育与科学,2008(04):1-4.	4	#11
朱文雁.赞助商选择与体育赛事竞争[J].武汉体育学院学报,2009,43(12):35-40.	4	#11

五、次级知识群5:体育赛事营销

在次级知识群5中,6篇作为知识基础的被引文献(见表5-27)形成了两个聚类,簇标识为13、21。

表 5-27　次级知识群 5：文献共被引网络重要节点信息及其作用（2000—2022 年）

标签及关键节点文献	节点文献对次级知识群 5 的贡献	中心性	被引频次
♯13　格鲁诺斯,克里斯蒂.服务市场营销管理[M].上海:复旦大学出版社,1998.	阐述服务营销理论框架体系	0	3
♯13　科特勒,菲利普.市场营销原理[M].北京:清华大学出版社,1999.	揭示市场营销和市场营销过程、理解市场和消费者、设计顾客驱动的营销战略和营销组织、扩展市场营销	0	1
♯13　保罗·斯图特.品牌的力量[M].北京:中信出版社,2000.	实证揭示品牌的力量	0	1
♯13　全国体育学院教材委员会.奥林匹克运动[M].北京:人民体育出版社,1993.	阐述奥林匹克运动	0	1
♯21　Christine M. Brooks, Sports Marketing: Competitive Business Strategies of Sports [M]. San Francisco: Benjamin Cummings, 1994.	详细阐述体育的竞争性经营策略	0	1
♯21　Shilbury David. Strategic Sport Marketing(2nd)[M]. Sydney, Allen & Unwin Ltd, 2003.	系统阐述体育营销	0	1

结合 CiteSpaceV6.1 聚类功能提供的聚类信息，共有 5 篇施引文献与 6 篇作为知识基础的被引文献相对应，从时间上看最早出现于 2003 年。其中，施引频次大于 2 的文献有 5 篇（见表 5-28）。查阅这些施引文献发现文献的关键词主要集中在服务营销、营销策略、基本策略、观念创新、组织管理、营销沟通、品牌赛事、组织文化、产品质量等方面。这表明随着我国体育赛事研究的进一步展开，服务营销理论的研究发挥了重要作用，因此进一步推理得出，次级知识群 5 的研究主题主要集中在"以服务营销理论为基础的体育赛事营销"方面。

表 5-28　次级知识群 5 研究前沿文献：共被引文献对应的高活跃度施引文献（2000—2022 年）

文献	施引频次	标签
朱文雁.赞助商选择与体育赛事竞争[J].武汉体育学院学报,2009,43(12):35-40.	2	♯13
徐漫云.服务营销视角下的我国体育赛事营销策略[J].上海体育学院学报,2009,33(06):22-24+90.	2	♯13
侯晋龙.体育赛事营销的本质及营销观念创新研究[J].北京体育大学学报,2006(05):597-599.	2	♯13

续 表

文献	施引频次	标签
陈云开.现代体育组织经营管理赛事的基本模式[J].上海体育学院学报,2003(01):5-9.	2	♯13
柴红年,张林.体育赛事产品质量的概念与评价[J].上海体育学院学报,2007(03):8-10+15.	2	♯21

六、级知识群6:项目管理

在次级知识群6中,3篇作为知识基础的被引文献(见表5-29)形成了一个聚类,簇标识为14。

表5-29 次级知识群6:文献共被引网络重要节点信息及其作用(2000—2022年)

标签及关键节点文献	节点文献对次级知识群6的贡献	中心性	被引频次
♯14 Johnny.大型活动项目管理[M].北京:机械工业出版社,2002	阐述大型活动项目管理的实践经验,以获得更大的经济效益和社会效益	0	3
♯14 乔明.项目管理中的风险管理分析[J].工程建设与设计,2003(12):28-31.	揭示风险管理中风险识别、风险分析、制订对策和风险监控	0	1
♯14 凌平.论体育运动的风险与体育保险[J].北京体育大学学报,2003(05):596-597+609.	系统阐述体育运动的风险与体育保险	0	1

结合CiteSpaceV6.1聚类功能提供的聚类信息,共有3篇施引文献与3篇作为知识基础的被引文献相对应,从时间上看最早出现于2005年。其中,施引频次大于2的文献有1篇(见表5-30)。查阅这些施引文献,发现文献的关键词主要集中在大型体育赛事、风险管理、综合集成、管理模式、体育保险等方面。这表明随着我国体育赛事研究的进一步展开,项目管理的理论的研究对此研究发挥了重要作用,因此进一步推理得出,次级知识群6的研究主题主要集中在"以项目管理理论为基础的体育赛事风险管理"方面。

表5-30 次级知识群6研究前沿文献:共被引文献对应的高活跃度施引文献(2000—2022年)

文献	施引频次	标签
卢文云,熊晓正.大型体育赛事的风险及风险管理[J].成都体育学院学报,2005(05):18-22.	2	♯14

七、次级知识群7:赛事品牌

在次级知识群7中,3篇作为知识基础的被引文献(见表5-31)形成了一个聚类,簇标识为 15。

表 5-31　次级知识群 7：文献共被引网络重要节点信息及其作用（2000—2022 年）

标签及关键节点文献	节点文献对次级知识群 7 的贡献	中心性	被引频次
#15　Aaker D A. Managing brand equity：Conceptualizing on the Valu-e of a Brand Name[M]. New York：The Free Press，1991.	阐述品牌资产管理	0	1
#15　Aaker D A. Building strong brand[M]. New York：The Free Press，1996.	系统阐述品牌建设	0	1
#15　Allen J. Festival and Special Event Management[M]. Queensland, Australia：John Wiley & Sons, 2002	系统阐述节日及特殊事件的管理	0	1

结合 CiteSpaceV6.1 聚类功能提供的聚类信息，共有 1 篇施引文献与 3 篇作为知识基础的被引文献相对应，出现于 2012 年（见表 5-32）。查阅这篇施引文献发现文献的关键词主要集中在品牌资产、体验经济、赛事氛围等方面。这表明随着我国体育赛事研究的进一步展开，品牌理论的研究发挥了重要影响，因此进一步推理得出，次级知识群 7 的研究主题主要集中在"以品牌理论为基础的体育赛事品牌"方面。

表 5-32　次级知识群 7 研究前沿文献：共被引文献对应的高活跃度施引文献（2000—2022 年）

文献	施引频次	标签
文红为，刘俊.大型体育赛事品牌资产影响因素研究——基于体验经济的视角[J].武汉体育学院学报,2012,46(09)：55-59+72.	3	#15

八、次级知识群 8：体育赞助营销

在次级知识群 8 中，3 篇作为知识基础的被引文献（见表 5-33）形成了一个聚类，簇标识为 16。

表 5-33　次级知识群 8：文献共被引网络重要节点信息及其作用（2000—2022 年）

标签及关键节点文献	节点文献对次级知识群 8 的贡献	中心性	被引频次
#16　卢长宝.匹配与体育赞助事件的选择：基于品牌资产的实证研究[J].体育科学,2009(08)：82-89.	阐述体育赞助营销中的匹配认知对赞助商品牌资产构建的效用	0	3

续　表

标签及关键节点文献	节点文献对次级知识群8的贡献	中心性	被引频次
#16　BREWER M B. Research Desi-gn and Issues of Validity: Handbook of Research Methods in Social and Personality Psychology[J]. Cambrid-ge: Cambridge University Press, 2000(07):465-487.	系统阐述社会与人格心理学研究方法设计	0	1
#16　Anderson N H. Information Integration Theory: A Brief Survey [M]. San Francisco: Freeman, 1974.	系统阐述信息集成理论	0	1

结合CiteSpaceV6.1聚类功能提供的聚类信息,共有3篇施引文献与3篇作为知识基础的被引文献相对应,从时间上看最早出现于2012年。其中,施引频次大于2的文献有1篇(见表5-34)。查阅这些施引文献发现文献的关键词主要集中在解释水平、赞助匹配、品牌评价、球迷参与度、球队认同感、赞助效益、广告态度、异常收益等方面。这表明随着我国体育赛事赞助相关研究的进一步展开,体育赞助营销理论的研究发挥了重要作用,因此进一步推理得出,次级知识群8的研究主题主要集中在"体育赞助营销理论为基础的体育赛事赞助效益"方面。

表5-34　次级知识群8研究前沿文献:共被引文献对应的高活跃度施引文献(2000—2022年)

文献	施引频次	标签
刘英,张剑渝,杜青龙.赞助匹配对赛事赞助品牌评价的影响研究——解释水平理论视角[J].体育科学,2014,34(04):70-77.	2	#16

九、次级知识群9:体育赛事融资

在次级知识群9中,包括3篇作为知识基础的被引文献(见表5-35),形成了一个聚类,簇标识为17。

表5-35　次级知识群9:文献共被引网络重要节点信息及其作用(2000—2022年)

标签及关键节点文献	节点文献对次级知识群9的贡献	中心性	被引频次
#17　刘曼红.中国中小企业融资问题研究[M].北京:中国人民大学出版社,2003.	从自筹资金、间接融资、直接融资三种渠道系统地分析了如何解决我国中小企业融资难的问题,并从政府支持和建立中小企业担保体系两个方面对中小企业融资的外部条件建设进行了阐述	0	1

标签及关键节点文献	节点文献对次级知识群9的贡献	中心性	被引频次
#17 MCCARRILLE, RONALD The Effectiveness of Selected Promotio-ns on Spectators Assessments of a Nonprofit Sport Even Sponsor[J]. Journal of Sport Management, 1998(08):589-605.	阐述不同类型的信息类型对体育赞助商及其产品的累积效应	0	1

结合CiteSpaceV6.1聚类功能提供的聚类信息,共有1篇施引文献与3篇作为知识基础的被引文献相对应,出现于2005年(见表5-36)。查阅这篇施引文献发现文献的关键词主要集中在体育比赛、融资现状、融资对策等方面。这表明随着我国体育赛事市场化运作,企业融资的相关研究发挥了重要的影响,因此进一步推理得出,次级知识群9的研究主题主要集中在"企业融资理论为基础的体育赛事融资"方面。

表5-36 次级知识群9研究前沿文献:共被引文献对应的高活跃度施引文献(2000—2022年)

文献	施引频次	标签
张林,李南筑,何先余,黄伟.我国单项体育赛事融资现状与发展对策研究[J].体育科学,2005(03):8-12.	3	#17

十、次级知识群10:公共关系

在次级知识群10中,2篇作为知识基础的被引文献(见表5-37)形成了一个聚类,簇标识为18。

表5-37 次级知识群10:文献共被引网络重要节点信息及其作用(2000—2022年)

标签及关键节点文献	节点文献对次级知识群10的贡献	中心性	被引频次
#18 张岩松.公共关系案例精选精析[M].北京:经济管理出版社,2000.	详细阐述企业公关形象塑造及案例分析、公关策划传播及案例分析、公关协调关系及案例分析、公关促销及案例分析、公关危机处理及案例分析、公关专题活动及案例分析、公关技巧及案例分析等	0	1
#18 吴燕波.析奥林匹克运动的第三内涵环境保护[J].体育与科学,2001(04):12-13+3.	阐述奥林匹克运动的第三内涵	0	1

结合CiteSpaceV6.1聚类功能提供的聚类信息,共有1篇施引文献与2篇作为知识基础的被引文献相对应,出现于2003年(见表5-38)。查阅这篇施引文献发现,文献的

关键词主要集中在奥运会、大型体育赛事、公共关系、危机公关等方面。这表明随着我国体育赛事市场化运作的深入，企业管理的公共关系学发挥了重要作用，因此进一步推理得出，次级知识群10的研究主题主要集中在"公共关系理论为基础的体育赛事公共关系"方面。

表5-38　次级知识群10研究前沿文献：共被引文献对应的高活跃度施引文献（2000—2022年）

文献	施引频次	标签
崔凤海.试论奥运会等大型体育赛事中的公共关系问题[J].体育与科学，2003(06)：22-23.	2	#18

十一、次级知识群11：社会理论

在次级知识群11中，包括2篇作为知识基础的被引文献（见表5-39），形成了一个聚类，簇标识为19。

表5-39　核心知识群11：文献共被引网络重要节点信息及其作用（2000—2022年）

标签及关键节点文献	节点文献对次级知识群11的贡献	中心性	被引频次
#19　Benedict Anderson. Imagined Communities：Reflections on the Origin and Spread of Nationalism[M]. London：Verso，2006.	详细阐述"一个想象的共同体"理论	0	1
#18　Richard Baker. Games metals magic[N]. The Sydney Morning Herald，2013，05-10.	阐述海外反腐败法	0	1

结合CiteSpaceV6.1聚类功能提供的聚类信息，共有1篇施引文献与2篇作为知识基础的被引文献相对应，出现于2022年（见表5-40）。查阅这篇施引文献发现文献的关键词主要集中在社会理论、大型体育赛事、奥运会扩张等方面。由此表明随着体育赛事研究的进一步展开，社会理论对此研究发挥了重要的影响，从而可以进一步推理得出，次级知识群11的研究主题主要集中在"社会理论为基础的大型体育赛事社会学"方面。

表5-40　次级知识群11研究前沿文献：共被引文献对应的高活跃度施引文献（2000—2022年）

文献	施引频次	标签
包苏珊,董进霞.我们为何要用社会理论来解读大型体育赛事[J].体育与科学，2014，35(04)：110-115.	2	#19

十二、次级知识群 12：体育赛事旅游

在次级知识群 12 中，包括 2 篇作为知识基础的被引文献（见表 5-41），形成了一个聚类，簇标识为 20。

表 5-41 核心知识群 12：文献共被引网络重要节点信息及其作用（2000—2022 年）

标签及关键节点文献	节点文献对次级知识群 12 的贡献	中心性	被引频次
#20 肖锋.举办大型体育赛事对城市旅游的影响[J].沈阳体育学院学报,2004(06):769-771.	详细阐述举办体育赛事对城市旅游的影响	0	2
#20 林少琴.体育赛事旅游的开发及前景分析[J].河北体育学院学报,2005(04):14-15.	基于旅游学科理论，分析体育赛事旅游的现状、开发前景及开发策略	0	2

结合 CiteSpaceV6.1 聚类功能提供的聚类信息，共有 4 篇施引文献与 2 篇作为知识基础的被引文献相对应，从时间上看最早出现于 2009 年（见表 5-42）。查阅这些施引文献发现，文献的关键词主要集中在旅游发展、主体功能区、成长机制、成长模式、体育旅游、服务质量、交通状况、住宿条件、场馆设施、体育服务产品、体育产业、城市品牌等方面。这表明随着体育赛事旅游研究的进一步展开，旅游学科理论发挥了重要作用，因此进一步推理得出，次级知识群 12 的研究主题主要集中在"旅游学科理论为基础的体育赛事旅游"方面。

表 5-42 次级知识群 12 研究前沿文献：共被引文献对应的高活跃度施引文献（2000—2022 年）

文献	施引频次	标签
和立新,张和.我国体育赛事举办城市促进体育旅游服务质量影响因素分析[J].北京体育大学学报,2014,37(06):16-20.	1	#20
张永韬.大型体育赛事对城市(区域)的影响研究述评[J].体育与科学,2013,34(03):18-23.	1	#20
林少琴.闽台体育赛事旅游合作与发展的态势分析[J].成都体育学院学报,2009,35(05):52-54+69.	1	#20
李亚青,孙金龙,冯学钢.赛事旅游主体功能区问题前瞻探索——成长机制,模式,路径和困局[J].体育科学,2009,29(11):41-47+58.	1	#20

十三、次级知识群 13：体育赛事物流管理

在次级知识群 13 中，2 篇作为知识基础的被引文献（见表 5-43）形成了一个聚类，簇标识为 22。

表 5-43　核心知识群 13：文献共被引网络重要节点信息及其作用（2000—2022 年）

标签及关键节点文献	节点文献对次级知识群 12 的贡献	中心性	被引频次
#22　Sowinski. Going for the Logistics Gold[J].世界贸易,2000(03):1059-1063.	详细阐述物流管理体系	0	1
#22　Mascaritolo John. Logistics at the 1996 Olympic Games[C].1996 年美国物流年会论文集,1996.	阐述 1996 年奥运会物流相关研究	0	1

结合 CiteSpaceV6.1 聚类功能提供的聚类信息,共有 1 篇施引文献与 2 篇作为知识基础的被引文献相对应,从时间上看出现于 2003 年(见表 5-44)。查阅这篇施引文献发现,文献的关键词主要集中在北京奥运会、赛事物流、需求预测等方面。这表明随着体育赛事研究的进一步展开,物流理论发挥了重要作用,因此进一步推理得出,次级知识群 13 的研究主题主要集中在"物流理论为基础的体育赛事物流管理"方面。

表 5-44　次级知识群 13 研究前沿文献：共被引文献对应的高活跃度施引文献（2000—2022 年）

文献	施引频次	标签
施先亮,张可明.2008 年北京奥运赛事物流需求预测[J].数量经济技术研究,2003(10):151-154.	2	#22

十四、次级知识群 14：任务型组织

在次级知识群 14 中,2 篇作为知识基础的被引文献(见表 5-45)形成了一个聚类,簇标识为 23。

表 5-45　核心知识群 14：文献共被引网络重要节点信息及其作用（2000—2022 年）

标签及关键节点文献	节点文献对次级知识群 12 的贡献	中心性	被引频次
#23　James G March, Herbert A Simon. Organizations[M]. New York: John Wiley & Sons, 1958.	详细阐述詹姆斯·马奇、赫伯特·西蒙的组织理论	0	1
#23　张康之.拉开任务型组织研究的帷幕[J].南京工业大学学报(文科版),2006(04):5-9+16.	提出并探索基于任务型组织视点上的行政改革	0	1

结合 CiteSpaceV6.1 聚类功能提供的聚类信息,共有 2 篇施引文献与 2 篇作为知识基础的被引文献相对应,从时间上看最早出现于 2010 年。其中,施引频次大于 2 的文献有 2 篇(见表 5-46)。查阅这些施引文献发现,文献的关键词主要集中在组织机构、任务型组织、解散路径等方面。这表明随着体育赛事研究的进一步展开,组织理论发挥了重要作用,因此进一步推理得出,次级知识群 14 的研究主题主要集中在"组织理论为基础的体育赛事任务型组织研究"方面。

表 5-46 次级知识群 14 研究前沿文献：共被引文献对应的高活跃度施引文献(2000—2022 年)

文献	施引频次	标签
李圣鑫.大型赛事组织机构的解散及其路径选择[J].武汉体育学院学报,2010,44(03):5-10.	2	#23
李圣鑫,2010,大型赛事组织机构的解散及其路径选择——以北京奥组委为例[J].北京体育大学学报,2010,33(10):1-4.	2	#23

本章通过文献共被引和施引文献的主题词及其关键词的词频内容分析,发现中国体育赛事研究前沿形成了以"核心—边缘"两个层次的格局,即"核心知识群—次级知识群",分别包括 7 和 14 共 21 个知识群,每个知识群的研究主题归纳见表 5-47。

表 5-47 当代中国体育赛事研究领域前沿及其研究主题汇总

层次	知识群及聚类标签	研究前沿的研究主题
核心知识群	核心知识群 1：#0	以经营与管理理论为基础的体育赛事经营管理研究
	核心知识群 2：#1	以风险管理、城市发展、产业经济学为理论基础的赛事研究
	核心知识群 3：#2	以体育赞助理论为基础的体育赛事赞助研究
	核心知识群 4：#3	以经济学理论为基础的体育赛事经济学研究
	核心知识群 5：#4	以相关法律理论为基础的体育赛事的法律保护研究
	核心知识群 6：#5	以项目管理、城市营销理论为基础的体育赛事组织运营管理研究
	核心知识群 7：#6	以管理学理论为基础的体育赛事运作管理研究
次级知识群	次级知识群 1：#7、#10	以营销、法律理论为基础的体育赛事转播权研究
	次级知识群 2：#8	以城市发展理论为基础的大型体育赛事与城市(国家)发展的研究
	次级知识群 3：#9、#12	体育赛事核心内容运动竞赛学的研究
	次级知识群 4：#11	以产业竞争力理论为基础的体育赛事产业发展研究
	次级知识群 5：#13、#21	以服务营销理论为基础的体育赛事营销研究
	次级知识群 6：#14	以项目管理理论为基础的体育赛事风险管理研究
	次级知识群 7：#15	以品牌理论为基础的体育赛事品牌研究
	次级知识群 8：#16	以体育赞助营销理论为基础的体育赛事赞助效益研究
	次级知识群 9：#17	以企业融资理论为基础的体育赛事融资研究
	次级知识群 10：#18	以公共关系理论为基础的体育赛事公共关系研究
	次级知识群 11：#19	以社会理论为基础的大型体育赛事社会学研究
	次级知识群 12：#20	以旅游学科理论为基础的体育赛事旅游研究
	次级知识群 13：#22	以物流理论为基础的体育赛事物流管理研究
	次级知识群 14：#23	以组织理论为基础的体育赛事任务型组织研究

第六章
中国体育赛事研究的热点及其演化动态

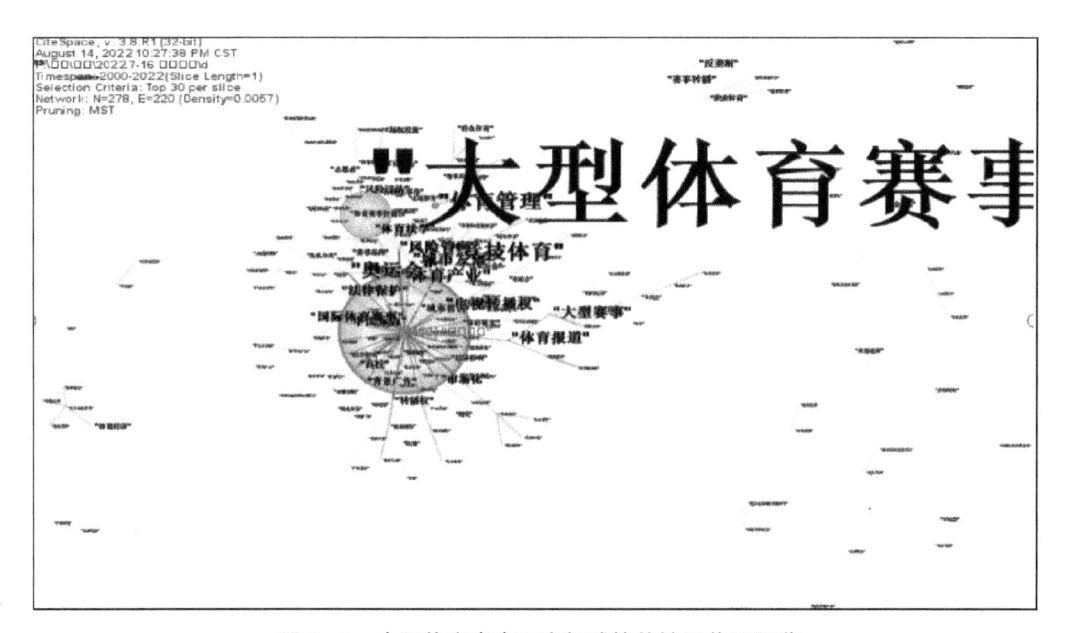

关键词共现分析是一种文本内容分析技术,由于文献的关键词涉及对文章主要内容的浓缩和提炼。因此,若某一关键词在某一领域的文献中反复出现,则表明该关键词表示的主题是该领域的研究热点。CiteSpaceV6.1基于词频分析原理,计算关键词出现频率和不同关键词同时共现的频次,以可视化形式清晰表示关键词的频次高低和聚类关系,从而分析研究领域的研究热点。[①] 本章通过对关键词共现网络图谱的分析,探究我国体育赛事知识领域的研究热点及演化动态。本章以前述437篇文献及其关键词作为研究对象,设置相应的参数(节点类型选为关键词,阈值为30),运行CiteSpace V6.1,软件最后选择出278个关键词节点以及220条关键词间连线构成关键词共现可视化知识图谱(见图6-1),同时绘制出频次大于3的热点关键词列表(见表6-1)。

图6-1 中国体育赛事研究领域的关键词共现图谱

---

① 侯海燕,刘则渊,栾春娟.基于知识图谱的国际科学计量学研究前沿计量分析[J].科研管理,2009,30(01):164-170.

表 6-1　中国体育赛事研究领域关键词共现列表(CSSC 2000—2022,频次＞3)

排名	频次	突现度	中心度	标准差	年份	关键词
1	158	0	0.50	1	2000	体育赛事
2	64	0	0.17	1	2003	大型体育赛事
3	13	4.38	0.08	1.41	2005	竞技体育
4	13	3.67	0.09	1.36	2007	体育管理
5	11	0	0.1	1	2003	奥运会
6	10	0	0.03	1	2000	体育产业
7	9	0	0.05	1	2010	城市发展
8	8	2.93	0.06	1.19	2000	体育报道
9	8	0	0.07	1	2000	大型赛事
10	8	0	0.02	1	2000	电视转播权
11	8	0	0.09	1	2005	风险管理
12	7	0	0.01	1	2005	法律保护
13	7	0	0	1	2010	国际体育赛事
14	6	0	0.02	1	2006	中国体育
15	6	0	0.02	1	2005	市场化
16	6	0	0	1	2007	体育法学
17	5	0	0.02	1	2009	背景广告
18	5	0	0	1	2012	赛事
19	5	0	0	1	2011	风险评估
20	5	0	0.03	1	2008	转播权
21	5	0	0	1	2011	城市营销
22	5	0	0	1	2011	反垄断
23	5	0	0	1	2011	赛事转播
24	5	0	0.03	1	2011	模型
25	5	0	0.02	1	2004	高校
26	4	0	0.03	1	2006	体育研究
27	4	0	0	1	2010	赛事品牌
28	4	0	0.01	1	2009	经济影响
29	4	0	0.02	1	2008	志愿者
30	4	0	0	1	2002	体育经济
31	4	0	0.01	1	2011	广州亚运会

续　表

排名	频次	突现度	中心度	标准差	年份	关键词
32	4	0	0	1	2013	群体性事件
33	4	0	0.01	1	2013	体育赛事转播权
34	4	0	0	1	2007	场馆设施
35	4	0	0.01	1	2007	体育市场
36	4	0	0	1	2013	群众体育
37	4	0	0.03	1	2006	体育
38	4	0	0.02	1	2013	无形资产
39	4	0	0	1	2005	职业体育
40	3	0	0.01	1	2003	危机公关
41	3	0	0	1	2011	国家形象
42	3	0	0.02	1	2011	综合影响
43	3	0	0	1	2003	组织管理
44	3	0	0.01	1	2008	比赛
45	3	0	0	1	2007	市场运作
46	3	0	0	1	2006	体育赛事报道
47	3	0	0	1	2009	赞助商
48	3	0	0	1	2010	体育竞赛
49	3	0	0.02	1	2013	体育法
50	3	0	0.01	1	2012	志愿服务
51	3	0	0.03	1	2022	服务质量
52	3	0	0	1	2012	赛事风险
53	3	0	0	1	2003	品牌赛事
54	3	0	0.01	1	2012	中国
55	3	0	0	1	2006	体育服务
56	3	0	0	1	2010	体育赛事赞助
57	3	0	0	1	2009	现状
58	3	0	0	1	2011	新媒体
59	3	0	0	1	2007	体育新闻
60	3	0	0.02	1	2005	全运会
61	3	0	0	1	2011	社会影响

第一节 中国体育赛事研究的热点分析

图6-1显示的高频次热点关键词具有比较强的趋中性,这说明研究主题相对比较集中,这些关键词在一定程度上反映了出我国体育赛事研究的热点所在。在这些高频关键词里"体育赛事"占据了图谱的重要的位置(中心度=0.50),而且它是频次最高的关键词,所以体育赛事是该领域研究的核心,与其直接连接的高频关键词有"城市发展""体育产业""电视转播权""风险管理"等,它们是体育赛事研究领域的热点方向。

图谱中另一个比较显眼的高频关键词为"大型体育赛事",它占据了图谱的重要的位置(中心度=0.17,频次=64),所以大型体育赛事是该领域研究的另一热点,高校赛事(频次=5,中心度=0.02)、群众体育(频次=4,中心度=0)、传承发展(频次=1,中心度=0)则进一步说明,有关体育赛事的研究主要集中在大型体育赛事上,而学校、社区和民族民间体育赛事没有得到应有的重视,现阶段研究明显不足。与大型体育赛事直接连接的高频关键词有"体育产业""体育市场""产业关联""风险管理""体育场馆建设""志愿者""赛事品牌""举办策略""风险评估""群体性事件""城市发展"等,它们是大型体育赛事领域主要的研究方向。

在整个关键词共现网络图谱中,关键词"奥运会"一词的中心度为0.1,这说明它位于连接不同研究热点的关键路径上,在体育赛事研究中具有重要地位。奥运会是现今世界上规模最大的大型体育赛事,其影响力涉及经济、人文、环境等多方面。奥运会相关主题的研究成为体育赛事研究的热点。

此外,基于网络中节点的共现频次、中心性、突现率等指标综合而成的指标$\sum$(突现度)表示网络中节点的重要程度。表6-1中,$\sum$值较大的关键词节点揭示了中国体育赛事研究中突现的热点问题,其中,$\sum$值大于1的关键词共有3个。依次为:竞技体育($\sum=1.41$)、体育管理($\sum=1.36$)、体育报道($\sum=1.19$)。

第一,竞技体育。我国竞技体育管理体制的改革推动着竞技体育事业的蓬勃发展,掀起全国范围的体育赛事热潮。随着我国社会经济转型与体育赛事市场化进一步的发展,竞技表演市场的开放,商业性体育赛事增多,有关竞技体育的"交易特征""交易方式""交易价值"等成为研究热点。

第二,体育管理。一方面,随着我国体育管理体制全面改革,各类体育比赛尤其是商业性比赛增多,办赛形式多种多样,比赛经营和管理越来越复杂,需要成熟的体育赛事管理理论进行指导;另一方面,各种各样体育赛事的成功举办,使我国体育赛事管理实践有了新的发展,对我国体育赛事管理理论产生了重大的推动作用。所以相关的体育管理的研究成为热点。研究主题主要集中在"风险管理""体育法规""赛事风险"等方面。

第三,体育报道。随着我国体育赛事市场化的发展,受西方发达国家的体育赛事和娱乐、商业传媒互成一体思想的影响,我国学者开始对现代体育赛事尤其是商业性体育赛事所涵盖的诸多场外要素如媒体、赞助、观众、赛事营销等进行研究。在高频词列表中,"体育赛事报道""赛事转播""体育新闻""新闻报道"等关键词都与体育报道有关,这说明体育赛事传媒相关研究成为该领域的热点问题。

第二节 中国体育赛事研究热点的演化态势

图6-2展示了我国体育赛事研究热点的变化趋势,图中不同年份的热点关键词代表当年体育赛事研究的热点,结合相关文献内容分析发现,我国体育赛事研究主题丰富多样,研究注重社会需求,应用性范围广泛。为进一步揭示体育赛事研究热点及其演变过程,本研究对不同时期的高频关键词进行共词分析和图谱绘制。通过每一时期变化显著的高频词来探测该领域这一时期的研究热点的变化。

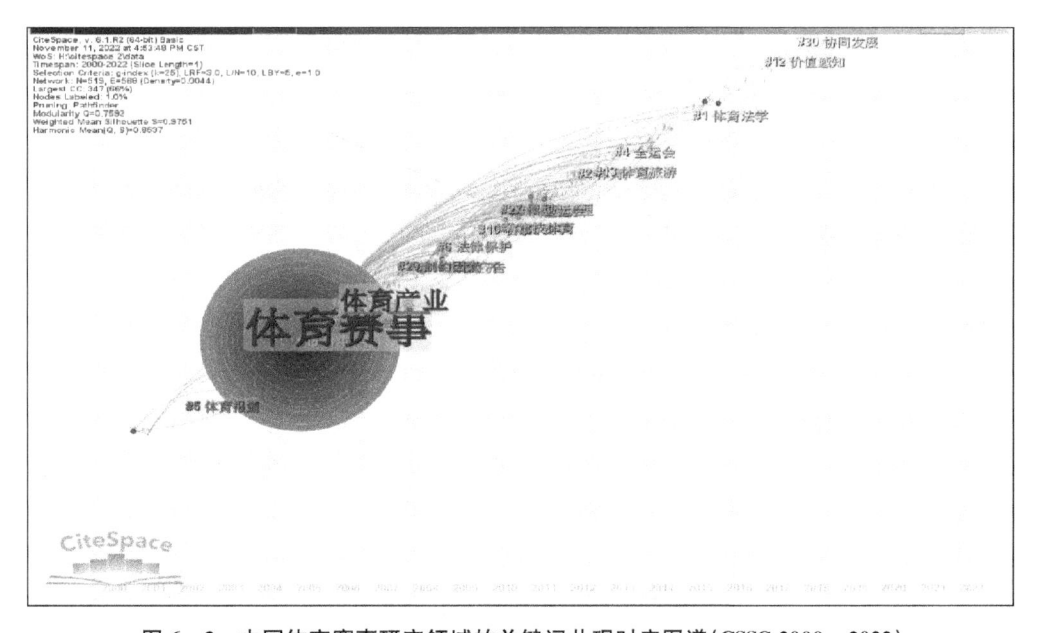

图6-2 中国体育赛事研究领域的关键词共现时序图谱(CSSC 2000—2022)

一、2000—2005年中国体育赛事研究热点

图6-3展示了2000—2005年高频关键词共词网络。共词图谱中共有51个关键词,频次为1次的关键词达到47个,这表明这一时期的体育赛事研究的主题领域较少

且极其分散。结合表6-2关键词的中心度,这一时期研究热点主要集中在体育赛事、体育报道两个主题词上,与主题词相连的关键词有"体育产业""电视转播权""电视体育""电视报道""电视体育"等,这表明它们是该时期体育赛事研究中热点方向。由于频次过3次的关键词数量较少,因此在表中列出了频次在2次以上的关键词。

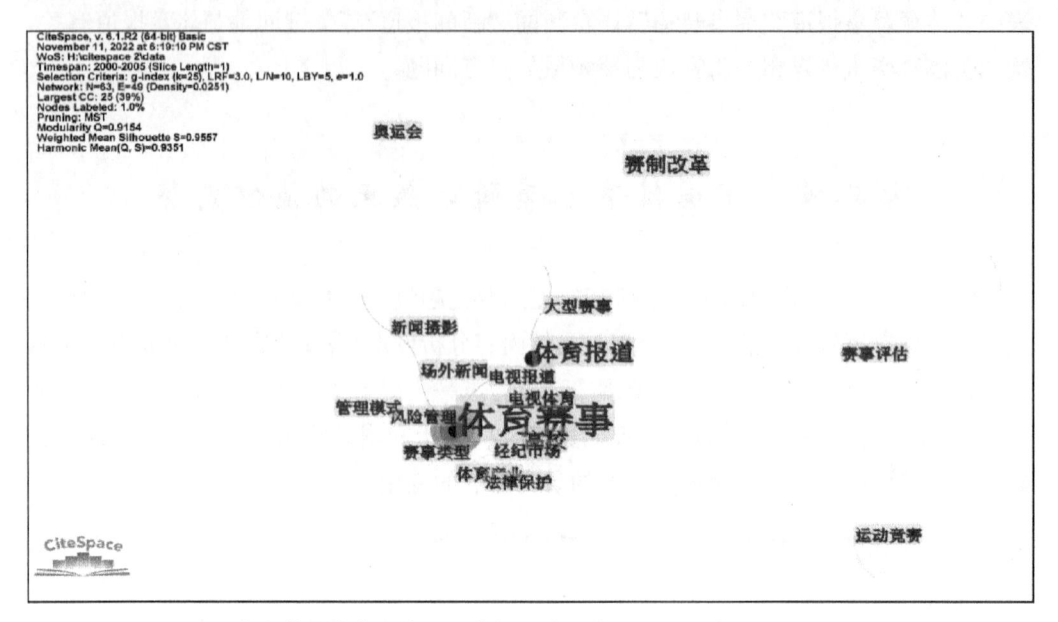

图6-3　中国体育赛事研究领域高频关键词共词网络图谱(CSSC 2000—2005)

表6-2　频次大于2高频关键词和高中心关键词(CSSC 2000—2005)

排名	关键词频次	关键词中心度	时间	关键词名称
1	13	0.26	2000	体育赛事
2	5	0.07	2000	体育报道
3	2	0.05	2005	风险管理
4	2	0.00	2000	体育产业
5	2	0.02	2000	新闻摄影

二、2006—2010年中国体育赛事研究热点

图6-4展示了2006年至2010年高频关键词共词网络。图谱中簇1最大,几乎占据了整个图谱。在簇1中最显著的主题词仍是"体育赛事",频次达到77次,远超过其他主题词。其中,"奥运会""体育产业""市场化""体育研究""转播权""电视转播权""风险管理""背景广告""经济影响"等高频关键词与"体育赛事"直接连接,表明这些高频词是体育赛事研究的热点(见表6-3)。

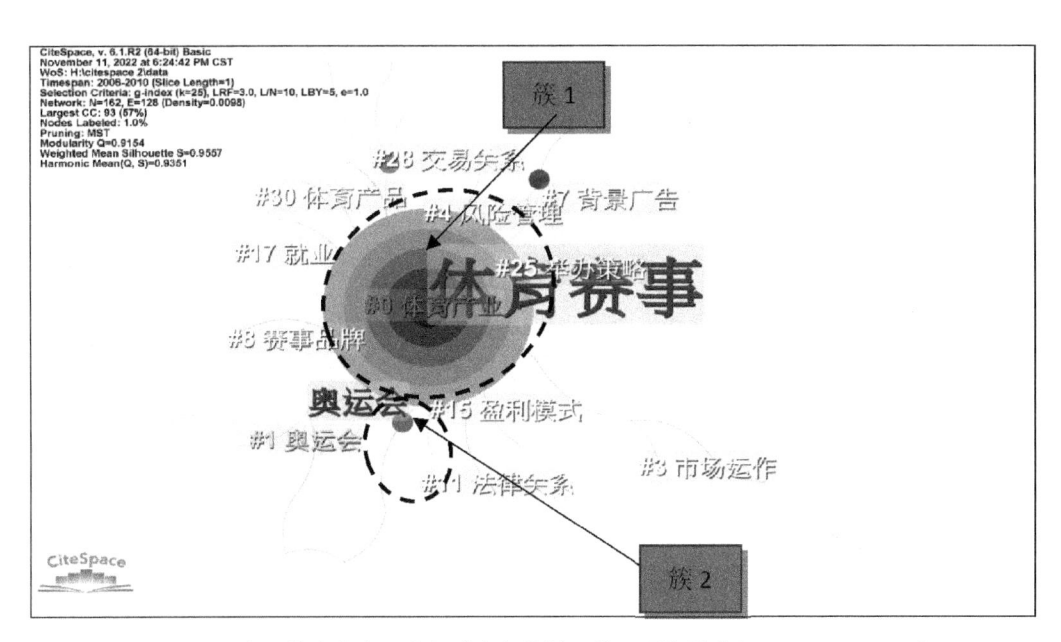

图 6-4 中国体育赛事研究领域高频关键词共词网络图谱(CSSC 2006—2010)

表 6-3 频次大于 3 高频关键词和高中心关键词 CSSCI(2006—2010)

排名	关键词频次	关键词中心度	时间	关键词名称
1	77	0.62	2006	体育赛事
2	6	0.09	2006	奥运会
3	5	0.00	2006	体育产业
4	4	0.03	2006	大型赛事
5	4	0.04	2006	体育研究
6	4	0.00	2007	风险管理
7	4	0.01	2007	体育市场
8	4	0.00	2008	志愿者
9	4	0.04	2009	背景广告
10	3	0.03	2009	电视转播权
11	3	0.02	2009	比赛
12	3	0	2010	市场运作
13	3	0	2010	场馆设施
14	3	0.06	2010	转播权
15	3	0.03	2010	市场化

图谱中还有一个重要的共词簇(簇 2),其主题词为"奥运会"。与"体育市场""风险管理""场馆设施""志愿者"等高频关键词直接连接,它们是奥运会领域的热点研究方向。

相比 2006 年之前的研究,这一时期的体育赛事研究更注重社会需求,其应用范围更加广泛,研究主题受环境影响比较显著。例如我国 2008 年将举行奥运会,所以关于29 届北京奥运会的研究开始增多;北京奥运会申办成功后我国举办的大型赛事越来越多,各种赛事的举办给当地带来经济效益和社会效益的同时也带来了极大的风险,女足世界杯因"非典"的缘故,改在了美国举行就给准备不足的中国足协带来了巨大的损失,所以相关风险及风险管理的研究成为研究热点。

三、2011—2015 年中国体育赛事研究热点

与 2005—2010 年高频关键词共词网络类似,如图 6-5,2010—2022 年的图谱中簇 1 几乎占据了整个图谱,而在簇 1 中最核心的关键词仍为"体育赛事"(中心度=0.38)。但这一时期的体育赛事研究内容更为丰富和多样,与"体育赛事"直接连接的高频关键词有"城市发展""城市营销""中国体育""综合影响""服务质量""无形资产"等,这表明这些是 2010—2022 年体育赛事研究领域新的热点方向(见表 6-4)。在簇 1 的上部出现了两个相连接的高频突现关键词"职业体育"(频次=12,中心度=0.16,突现度=2.27)、"体育管理"(频次=11,中心度=0.17,突现度=1.83),它们各自形成了两个小的簇 3、簇 4,与其直接连接的关键词有"综合赛事""竞技价值""体育法学""赛事风险"等,这表明职业体育、体育赛事管理两个方向的相关研究是这一时期体育学者们关注的焦点。

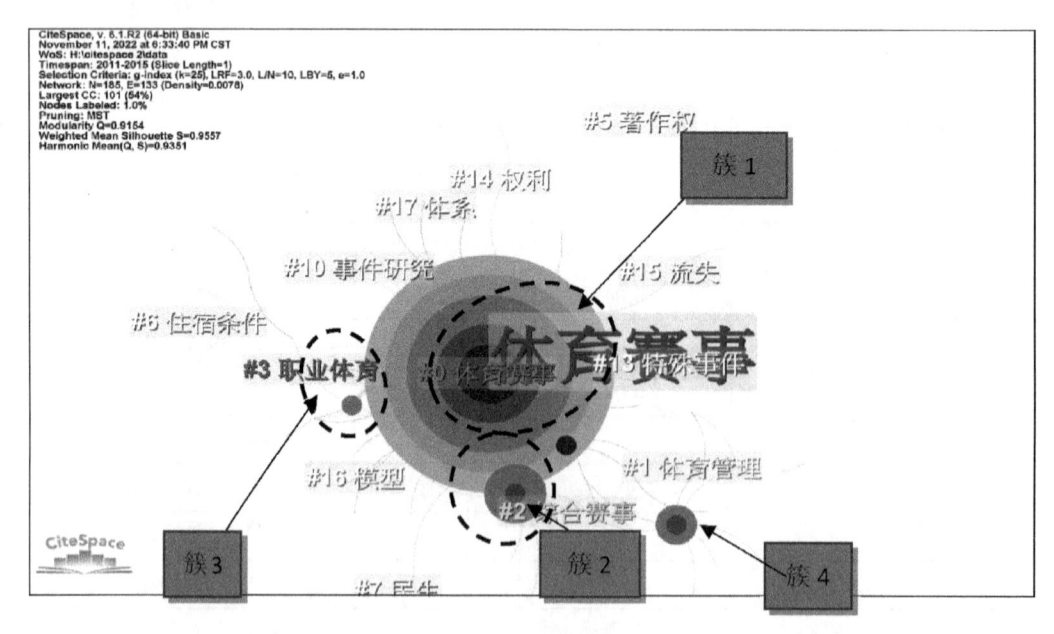

图 6-5 中国体育赛事研究领域高频关键词共词网络图谱(CSSC 2010—2015)

簇2是以"综合赛事"为核心主题词的共词簇,与它直接连接的高频关键词有"体育产业""城市发展""风险管理""群体事件""赛事品牌"等,这表明它们是综合赛事领域新的热点研究方向。

表6-4 频次大于3高频关键词和高中心关键词CSSCI(2011—2015)

序号	频次	中心度	时间	主题词	序号	频次	中心度	时间	主题词
1	88	0.38	2011	体育赛事	19	4	0.02	2013	亚运会
2	47	0.18	2011	综合赛事	20	3	0	2013	国家形象
3	12	0.16	2011	职业体育	21	3	0.03	2013	综合影响
4	11	0.17	2011	体育管理	22	3	0.07	2013	服务质量
5	8	0.11	2011	城市发展	23	3	0	2013	赛事风险
6	5	0	2012	赛事	24	3	0.02	2013	中国
7	5	0	2012	国际体育赛事	25	3	0	2013	市场化
8	5	0	2012	大型赛事	26	3	0	2013	体育赛事赞助
9	5	0.08	2012	模型	27	3	0.01	2014	赛事品牌
10	5	0	2012	体育法学	28	3	0	2014	城市营销
11	5	0.02	2012	法律保护	29	3	0	2014	体育
12	4	0	2012	群体性事件	30	3	0.02	2014	风险管理
13	4	0.02	2012	体育赛事转播权	31	3	0	2015	新媒体
14	4	0	2012	风险评估	32	3	0.05	2015	体育法
15	4	0	2012	群众体育	33	3	0	2015	社会影响
16	4	0	2012	反垄断	34	3	0	2015	赛事转播
17	4	0.04	2013	中国体育	35	3	0.02	2015	无形资产
18	4	0	2013	体育产业	36	3	0	2015	职业体育

四、2016—2022年中国体育赛事研究热点

如图6-6,2016—2022年的图谱中,共词簇1几乎占据了整个图谱,而在簇1中最核心的关键词仍为"体育赛事"(中心度=0.39)。但这一时期的体育赛事研究内容更为丰富和多样,与"体育赛事"直接连接的高频关键词有"品牌形象""体育产业""无形资产"等,这表明它们是2016—2022年体育赛事研究领域新的热点方向(见表6-5)。在簇1的上部出现了两个相连接的高频突现关键词"马拉松"(频次=12、中心度=0.16、突现度=1.87),"全运会"(频次=12、中心度=0.11、突现度=1.23),它们各自形成了两个小的簇2、簇3,与其直接连接的关键词有"赛事组织""情感治理""品牌形象"等,这表

明马拉松、全运会两个方向的相关研究是这一时期体育学者们关注的焦点。

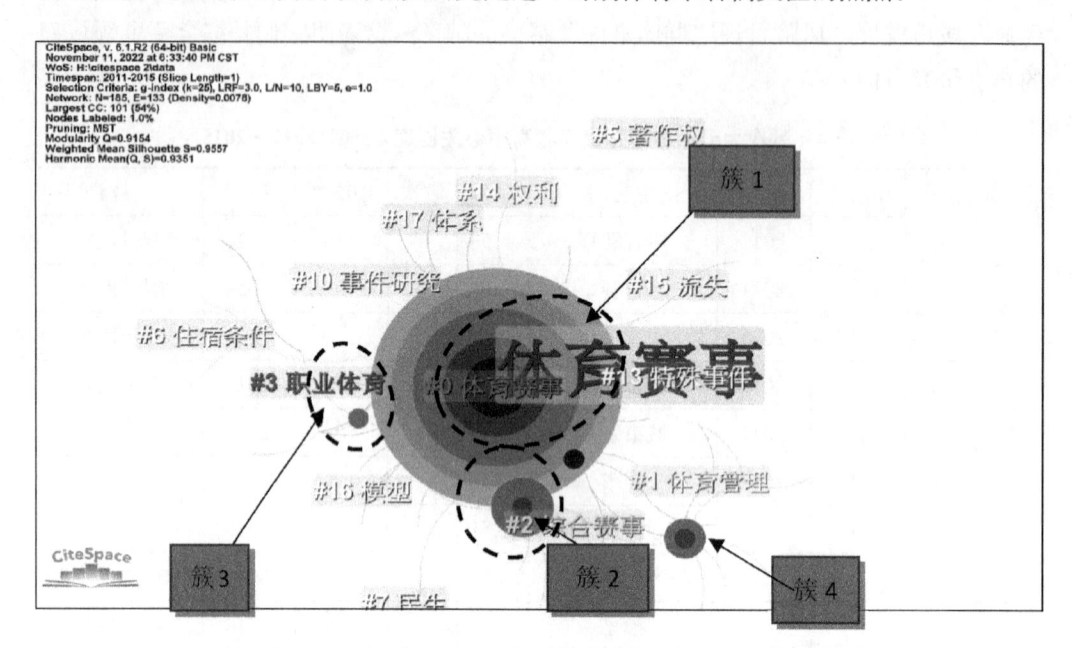

图 6-6 中国体育赛事研究领域高频关键词共词网络图谱（CSSC 2016—2022）

簇 4 是以"体育赛事节目"为核心主题词的共词簇，与它直接连接的高频关键词有"版权保护""转播权""风险管理"等，这表明它们是体育赛事节目领域新的热点研究方向。

表 6-5 频次大于 3 高频关键词和高中心关键词 CSSCI（2016—2022）

排名	关键词频次	关键词中心度	时间	关键词名称
1	82	0.39	2016	体育赛事
2	15	0.12	2016	马拉松
3	12	0.11	2016	全运会
4	11	0.09	2016	体育赛事节目
5	8	0.04	2016	版权保护
6	5	0.03	2017	转播权
7	4	0.03	2017	榷权
8	3	0.02	2018	冰雪赛事
9	3	0.01	2019	情感治理
10	3	0.01	2019	赛事组织

在中国体育赛事研究热点的知识图谱研究中，运用 CiteSpaceV6.1 软件进行关键词共现分析与处理，以知识图谱的方式，探测了中国体育赛事知识领域的研究热点。通

过分析发现,我国体育赛事研究热点主要集中在"综合体育赛事""奥运会""竞技体育""体育管理""体育报道""赛事影响""赛事评估""体育赛事与城市发展"等方面。为了进一步揭示体育赛事研究热点及其演进路径,本研究对不同时期的高频关键词进行共词分析和图谱绘制,发现不同时期我国体育赛事研究热点的变化特征为:2000—2005年体育赛事研究的主题领域较少且极其分散,且研究热点主要集中在综合体育赛事、体育报道两个主题词上;2006—2010年体育赛事研究更注重社会需求,其应用性范围更加广泛,研究主题受环境影响比较显著,研究热点主要集中在奥运会、电视转播权、背景广告、经济影响、场馆设施、志愿者等方面;2011—2015年体育赛事研究的主题更为丰富和多样,研究热点主要集中在城市发展、城市营销、中国体育、服务质量、竞技体育、体育管理、体育产业、无形资产、群体事件、赛事品牌等方面;2016—2022年体育赛事研究的热点主要集中在各类赛事的品牌形象、无形资产、版权保护、转播权、风险管理等方面。

第七章
中国体育赛事学学科理论体系构建的探索性研究

通过前述的整理性分析和实证研究,可以发现中国体育赛事领域研究的发展已经出现了多学科和多元化的研究前沿与热点理论。因此,在全球体育赛事产业化、商业化和我国体育赛事理论研究持续深化的背景下,梳理并建构体育赛事学科及理论体系将是一项没有止境而又极富趣味性和挑战性的研究工作。这项研究具有重要的理论价值和现实意义,具体表现在三个方面:一是对体育赛事理论的发展具有重要的导向作用,有利于人们从宏观到中观再到微观把握体育赛事研究的发展脉络;二是对中国高等学校的课程群甚至专业设置与学科建设具有重要的指导意义,有利于加速培养体育赛事管理高层次、专业化的人才队伍;三是有助于推动本土化体育赛事理论的深入研究[①]。

体育赛事学的学科体系由体系结构与结构体系共同构成,体系结构即是体育赛事理论体系,结构体系即是体育赛事学科体系。前者指体育赛事学由哪些理论知识单元构成,以及这些理论单元又是如何按照一定的层次结构与逻辑结构组成统一的整体,因此其结构特点是内在而不是外在的,严密而不是任意的优化组合的。后者是指体育赛事学有哪些部分及分支学科,这些部分及分支学科是如何相辅相成,既相互独立又相互配合共同组成体育赛事学科体系。概言之,前者是研究体育赛事学的理论及其构成方式问题;后者是研究体育赛事的学科分支及其相互关系问题;两者和谐统一,共同组成了一个层次分明,结构完整,门类齐全的体育赛事学学科体系。

构建具有中国特色的体育赛事学学科体系,需要借鉴和运用其他学科和理论的构筑模式与方法。其中,本文将要借鉴的学科有教育学、经济学、营销学等,将要运用的理论有扎根理论、元理论、本体理论和框架理论等。

---

① 刘伟,杨剑.体育赛事学理论体系构建的探索性研究[J].体育研究与教育,2016,31(01):37-40.

第一节 体育赛事学的逻辑起点之思

我们通过意识产生普遍有效性或者普遍可传达性,意识的这种作用便是意义问题。意义不是随意的,也不是一成不变的,它具有相对或绝对的确定性,使得世界变得有条不紊、秩序井然。不同学科对于意义的问题解释不同,在哲学与美学中,一般称为找到解决问题的原发点或逻辑起点。这个逻辑起点便是"兴"。兴是人以及万物的真生存的充分必要的前提和条件。"体育赛事学"者,亦应有其"兴"也。找到此"兴","体育赛事学"才有其确定性和规定性,才是其是,不是其所不是。

我国著名教育家,中国高等教育学的开创者与奠基人,厦门大学潘懋元教授认为"学科的科学理论体系,一般认为首先应当确定它的逻辑起点,从逻辑起点出发,借助逻辑手段,按照学科的内在逻辑,层层推导,逐步展开,从抽象上升到具体,构成严谨的逻辑系统。"[1]体育赛事学是体育学的分支学科,也是一个特殊领域。现有的知识体系都是零散的、碎片化的,要构建其学科理论体系,首先需要确立学科建立的逻辑起点。只要明确了逻辑起点,从逻辑起点出发,按照学科的内在逻辑推导,那么理论体系建设中遇到的诸多问题也就迎刃而解。所以,在建构体育赛事学的学科体系之前,首先要回答关于逻辑起点的两个问题:一是什么是逻辑起点?二是逻辑起点有哪些具体要求?只有如此,我们才能够运用科学的思维来理性地探究问题,才能够准确地找到体育赛事学的学科逻辑起点。

一、关于逻辑起点的元研究

(一) 对"逻辑"的概念分析

本研究通过对国内外大量的文献梳理发现,对于"逻辑"的解释非常多。"逻辑"一词最早源于希腊文"Logos",这是被大家所广泛认同的。它并非属于哲学的范畴,其原意主要是指言语、概念、思想、理性等。[2] 把"逻辑"一词作为哲学范畴的术语来使用,最早出现于古希腊哲学家赫拉克利特的著作中,其释义是关于世界的普遍规律[3]。现代关于"逻辑"一词的解释有多种,具体来说有五个基本含义:一是指关于思维形式及规律的科学,即逻辑学;二是指客观事物的规律及过程;三是指思维的规律、规则;四是常用于对特定观点或论点的贬义;五是指一个人的生活、行为有严格的程序和固定不变的习

---

[1] 潘懋元.新编高等教育学[M].北京:北京师范大学出版社,1996.
[2] 王健.教师教育学的逻辑起点探析[J].教师教育论坛,2014,27(08):5-12.
[3] 江晓萍.思想政治教育基本规律研究[D].苏州大学,2015.

惯,例如"某某的生活很有逻辑性",或指有严谨的做事态度,有章程。本研究中关于"逻辑"的释义主要是基本含义中的第三种,即是思维的规律及规则。

(二)关于"逻辑起点"的概念纷说

改革开放以来,随着高等教育的发展和进步,学科成为高校研究的热点。学科逻辑起点问题也备受研究者们关注,已然成为一个学科发展和建设的非常重要的问题。统观学者们几十年的研究成果,普遍认同逻辑起点在学科理论体系构建中的地位和重要程度,不同学科的学者也根据学科的情况对逻辑起点提出观点。基于此,本研究梳理哲学或逻辑学对"逻辑起点"的概念与内涵问题的研究,发现关于该视角的研究屈指可数。[①][②][③] 逻辑起点的概念有待进一步的说明。

一个学科的内在逻辑和发展脉络会因为该学科的学科属性不同而受到相应的影响。本研究为确保研究成果的科学性和合理性,通过梳理考查和比照分析教育学、管理学、经济学、哲学、法学、政治学、物理学、力学、生物学、临床医学、战略学等学科的重要著作中对该学科逻辑起点的规定,发现所有学科的逻辑起点的规定在以下三个方面都具有一致性,即认识基础、重要意义、主要依据(见表7-1)。第一,从认识基础看,不同学科在"逻辑起点是什么"这一问题上意见并不统一,但是所有的学科也有共识,它们都认为"任何学科体系的构建必须建立在一块基石上",逻辑起点包含着体系对象整个发展过程中的一切矛盾和可能。第二,从重要意义看,当前所有学科都认为逻辑起点具有十分重要的意义,它是学科自身研究与学术成果相连接的关键环节,也是学科最为关键的支撑点,同时能够有效促成学科研究的前瞻性目标与学科逻辑起点的有机统一。第三,从主要依据看,"要素论"是当前各成熟的学科确定逻辑起点采用的主要方式,如在人文社会科学领域,马克思主义哲学以核心要素"实践"作为学科逻辑起点,管理学以核心要素"资源配置"作为学科逻辑起点,教育学以核心要素"学习"作为学科逻辑起点,法学以核心要素"公平正义"作为学科逻辑起点,政治学以核心要素"权力"作为学科逻辑起点等[④];在自然科学领域,力学以核心要素"力"作为学科逻辑起点,临床医学以核心要素"疾病"作为学科逻辑起点,物理学以核心要素"物质"作为学科逻辑起点,作物学以核心要素"农作物"作为学科逻辑起点等[⑤]。

[①] 冯振广,荣今兴.逻辑起点问题琐谈[J].河南社会科学,1996,(04):57-60.
[②] 彭漪涟.论"原始的基本关系"——冯契关于辩证分析逻辑起点的一个重要思想[J].华东师范大学学报(哲学社会科学版),2002,(01):31-35+45-125.
[③] 周越,徐继红.逻辑起点的概念定义及相关观点诠释[J].内蒙古师范大学学报(哲学社会科学版),2006,(05):16-20.
[④] 王健.教师教育学的逻辑起点探析[J].教师教育论坛,2014,27(08):5-12.
[⑤] 方千华,王润斌,徐建华,谢正阳,李凤梅.体育学基本理论与学科体系建构:逻辑进路、研究进展与视域前瞻[J].体育科学,2017,37(06):3-23.

表 7-1　不同学科的逻辑起点及基本规定

学科	逻辑起点	观点出处	作者	基本规定	时间
教育学	学习	《元教育学研究》	瞿葆奎	学习是教育实践中遇到的最普遍的现象，最能够抽象地表现教育及其全部特征，且本身不需说明	1999
经济学	商品	《资本论》	马克思	社会最简单、最普遍、最基本、最常见、最平凡的关系就是商品交换	2004
管理学	资源配置	《管理学》	芮明杰	在现代化的生产中，管理活动无一不是围绕着资源配置这一问题展开	1999
哲学	实践	《试论马克思主义哲学的逻辑起点》	梁锡棉	马克思主义哲学认为实践作为人与世界现实统一性的中介和根据，内在地蕴涵着主体与客体对立统一的起点规定性	1988
法学	公平正义	《西方法学流派的逻辑起点及其局限》	张善根	公平正义是法律和法治体系产生的本源和终极目标	2011
政治学	权力	《政治学原理》	王惠岩	参与公共生活的个人和组织，唯有借助权力，方可实现价值和利益的分配	2006
物理学	物质（质点）	《物理学哲学导论》	吴国林 孙显曜	物理学家关注物质存在的基本形式以及它们的性质、运动和转化，进而追寻内部结果和规律	2007
力学	力	《力学学科发展研究报告》	国家自然科学基金委	力体现了对物质相互作用规律的理性化追求，并以此分化建构不同的工程学科	2007
作物学	农作物	《作物学》	苏广达	研究农作物的生长发育及与生态环境之间的关系，为发展作物生成奠定了基础	2000
临床医学	疾病	《现代临床医学概论(第2版)》	张燕燕	患者健康受到干扰或威胁的状态是临床医学面对的首要对象	2012
战略学	战争	《战略研究》	钮先钟	战略产生于战争，并研究战争的全局性规律	2003

通过对文献的整理发现，每个学科的学者们对于该学科的逻辑起点的研究都很多，讨论的内容和深度也各不相同，总体上看学者们关于"什么是逻辑起点"并没有形成统一的、一致的观点，本研究对逻辑起点的概念进行分析归纳发现，目前学术界主要持有三种态度。第一种态度：回避讨论，即学者们在讨论相应学科问题时不谈其逻辑起点概念的界定，直指问题焦点，讨论具体问题。第二种态度：引用观点，即学者们在讨论相应学科问题时寻找名人观点论述，如引用黑格尔、马克思的相关观点；或者

援引其他学者的论述进行推论,这些研究中的推论也只是说明了该学科逻辑起点的"规定性",而该学科逻辑起点的概念或定义等相关问题并不涉及,例如研究者瞿葆奎[①]、何克抗[②]等的相关研究。第三种态度:探寻发展,即学者们在讨论相应学科问题时会根据学科发展和逻辑起点探寻现实需要,结合已有研究成果的论述和学者自身对于逻辑起点的理解,对"逻辑起点"的概念做出相应的界定和概括,给出一个他们认为科学的、明确的定义。为了更加科学地进行研究,笔者从中国知网概念知识元库中检索了涉及逻辑起点定义的文献,选取部分资料按其发表年代顺序排列,见表7-2。

表7-2 不同学科的逻辑起点及基本规定

作者	时间	概念表述	观点出处
柳树滋,等	1986年	逻辑起点作为一个抽象范畴,是从抽象上升到具体的出发点	《重要的思维法则从抽象几升到具体》,出版社:北京出版社
李小融	1987年	逻辑起点是经过反复抽象出来的本学科源头的核心,是连接本学科系统内及本系统与外系统各范畴和概念群的关键点	《现代教育学研究应有多个逻辑起点》,期刊:《教育理论与实践》
孙绍荣	1991年	所谓逻辑起点,其实就是本学科内的一些基本的概念以及对这些概念之间的最基本关系的规定	《关于教育学逻辑起点的思考》,期刊:《教育科学》
陈武强	1996年	所谓逻辑起点,是指一门学科建设的逻辑思维和展开成理论体系的开端、基点	《思想政治工作学的逻辑起点》,期刊:《探索》
李梅英	1998年	所谓逻辑起点是指展开某种逻辑体系的渠道和门径,是构成一门学科理论体系的出发点,是该学科理论体系赖以推理论证的最本源性的抽象范畴	《对建立财务决策相关成本核算体系的探讨》,期刊:《财会月刊》
周仁俊,等	1998年	逻辑起点是指我们对某一问题进行思考时思想的轨迹,凭以出发、思维的过程必须紧扣的某一点,对某一问题研究的过程和结论都应建立在此之上	《试论会计理论研究的逻辑起点》,期刊:《财会月刊》
胡中锋	1999年	所谓逻辑起点,用恩格斯的话说,就是指"科学应该从何开始",这就是说,逻辑起点就是范畴体系的起始范畴	《"教育学逻辑起点"研究述评——教育学有没有逻辑起点》,期刊:《现代教育论丛》
何善祥	1999年	所谓"逻辑起点",是指合乎逻辑思维的开端	《面向世纪的图书馆学研究》,期刊:《图书与情报》
杨三省	1999年	所谓逻辑起点是指理论胚芽时期即包含着的贯穿整个体系中的最基本的核心内容和主要观点,它既是理论的出发点、着眼点,又是理论的立足点和落脚点	《邓小平理论体系的史起点、逻辑起点及逻辑结构》,期刊:《马克思主义与现实》

---

① 瞿葆奎.教育学逻辑起点的历史考察[J].教育研究,1986(11):7.
② 何克抗.关于教育技术学逻辑起点的论证与思考[J].电化教育研究,2005(11):3-19.

续 表

作者	时间	概念表述	观点出处
康翠萍	2000 年	所谓逻辑起点，就是指理论展开的出发点，把握逻辑起点，是构建理论体系的前提	《研究高等教育系统的逻辑起点与体系范畴》，期刊：《高等教育研究》
帅国文	2000 年	所谓逻辑起点，是指人们在思维过程中，在从抽象上升到具体的逻辑行程中所经历的第一个环节，作为这一环节的逻辑起点，必是某种抽象的规定，而非具体的实在	《社会主义初级阶段是邓小平理论的逻辑起点》，期刊：《中山大学学报社会科学版》
翟昌民	2000 年	所谓逻辑起点是指研究对象任何一种思想、理论、学说、流派中最简单、最一般的本质规定，构成研究对象最直接和最基本的单位	《试论邓小平理论的逻辑起点》，期刊：《天津师大学报社会科学版》
林建平，等	2004 年	所谓逻辑起点，是指展开某种逻辑体系的渠道和门径，是该学科理论体系赖以推理论证的最本源性的抽象范畴，是构成一门学科理论体系的出发点，由此出发，层层演绎出整个体系	《关于审计理论基础的几点思考》，期刊：《内江科技》
蒋兆雷	2005 年	所谓"逻辑起点"，是指理论体系所由此出发的理论上的始基，是整个理论体系赖以成立的关键和前提	《德育教育的有效性探析》，期刊：《安徽农业大学学报社会科学版》

从以上统计的关于对于逻辑起点概念的表述看，对"最一般的抽象规定""最基本、最简单的质的规定"等描述，并没有明确的、系统的解释，除了有部分学者从哲学的视角对逻辑起点进行表述，其他学者基本是对黑格尔和马克思关于逻辑起点的经典论述进行科学的加工转述或者有效的复述，这表明学者们并未根据时代的发展用新时代的语言和思维方式对逻辑起点做出相应的解释或是说明，使他更加具体和明确。

（三）逻辑起点概念的探讨

在考察前文所列的种种关于逻辑起点的定义后，笔者以为，虽然学者们对于逻辑起点概念的表达不同，但是我们在分析众多概念之后可以发现，学者们对"逻辑起点"概念的呈现具有一些共同的认知，主要体现在以下几个方面：

首先，从呈现形式上来看，逻辑起点是"概念"，但是并不意味着它仅仅是一个概念术语，而是要求这个概念是"物"的概念，是一个以"关系"和"矛盾"为实质的"物"的概念，否则就无法解释马克思使用"商品"作为政治经济学的逻辑起点，而不用"买卖"关系矛盾或问题作为政治经济学逻辑起的先例。[①]

---

① 王健.教师教育学的逻辑起点探析[J].教师教育论坛，2014，27(08)：5-12.

其次,从"逻辑起点"概念的使用语境来看,逻辑起点并不是独立存在的,它必须与一门学科或科学理论体系紧密联系,它主要是指某一个理论体系中思维的起点。如果脱离某一个学科探讨逻辑起点,那对于逻辑起点的探讨就脱离了根本依据,探讨的结果也就失去了意义。

最后,从"逻辑起点"概念的价值地位来看,研究者们一致认为逻辑起点是一门学科的基石,同时也是它赖以建立的基础。

从学者们给出的定义来看,关于什么是逻辑起点,学者们的观点并不一致,本研究认同瞿葆奎先生和郑金洲教授关于逻辑起点的观点。在教育学领域中也有很多者对于逻辑起点给出了不同的界定,其中学者瞿葆奎和郑金洲对该领域的有关学者给出的定义进行了梳理和分析,得出以下解释:既然逻辑起点问题是哲学特别是逻辑学研究中的一个基本问题,对它的理解就不能脱离哲学、逻辑学的有关理论。逻辑起点也称为逻辑始项、逻辑开端,有时也被称为逻辑出发点。它是指一门科学或学科结构的起始范畴,是理论体系的始自对象,是使整个逻辑体系得以开展和得以丰富完成的一个最初的规定。用黑格尔的话说,就是"科学应当以什么为开端"。[①] 从该释义我们可以看出,逻辑起点是一门科学或学科的理论体系的叙述起点,是一个起始范畴,而不是"关系"或"矛盾",也不一定是一门学科的研究对象或核心内容。

(四) 逻辑起点的内在规定性

通过以上分析,我们已经对什么是逻辑起点探讨得较为清晰了,在此基础上我们进一步探讨逻辑起点规定性的问题,如逻辑起点是一个什么样的概念?逻辑起点的概念同关系、矛盾、问题的内在联系如何?我们可以先考察一个成功确立了逻辑起点的学科的案例,从中探寻逻辑起点的内在规定性问题。

1. 政治经济学逻辑起点确立的案例

在经济思想史上,古典政治经济学具有代表性的是英国的大卫·李嘉图(David Ricardo),他在著作《政治经济学及赋税原理》中分析了政治经济学的学科理论体系,他运用从抽象到具体的方法来探讨分析经济学的领域的问题,最终确定以价值范畴作为该学科的逻辑起点。从总体上看,大卫·李嘉图只是对"价值"进行了量的分析,并没有对"价值"进行质的分析,所以在他的著作中也就没有形成科学的劳动价值论,所以大卫·李嘉图以价值范畴无法科学地解决政治经济学的逻辑起点的问题。

德国社会政策学派财政学的集大成者阿道夫·瓦格纳(Adolf Wagner)在他的代表作中也探讨了政治经济学的起点,但是他混淆了"价值"与"使用价值",前者是社会形式的范畴,而后者是自然形式的范畴。在他的著作中对政治经济学的起点的探讨是从社

[①] 黑格尔.逻辑学[M].北京:商务印书馆,1966.

会形式的范畴引申出自然形式的范畴,又再从自然形式的范畴引申出社会形式的范畴,显然这个对政治经济学的起点的探讨是不正确的。原因在于阿道夫·瓦格纳没有从具体的物质"商品"进行分析和探讨,所以他的观点和理论同样不能正确和科学地解决政治经济学的起点问题。

德国古典唯心主义集大成者,著名的哲学家格奥尔格·威廉·弗里德里希·黑格尔(Georg Wilhelm Friedrich Hegel)[①]指出"要找出哲学中的开端,是一桩困难的事。"黑格尔首次运用了从抽象上升到具体的方法,他在著作中用了相当多的篇幅来探讨从抽象上升到具体的方法的逻辑起点问题。因为黑格尔推崇的是唯心主义思想而非唯物主义思想,所以他的论述并不能够从根本上解决或解释逻辑起点的问题,但是他的观点具有突破性,为我们提供了一些值得批判性吸取的深刻思想。

全世界无产阶级和劳动人民的革命导师卡尔·马克思在创作《资本论》的过程中经历了"劳动—价值—商品"三个阶段,成功地解决了政治经济学的逻辑起点问题。马克思在《马克思恩格斯全集(第三十一卷):经济学手稿(1857—1858年)》中的《导言》章节中明确指出:劳动范畴是"现代经济学的起点"[②],但是他在进一步研究之后发现,把劳动范畴作为政治经济学的逻辑起点是不合适的,所以在《经济学手稿(1857—1858年)》中《导言》章节之后的所有撰写的相关手稿中,马克思并没有按照劳动范畴作为政治经济学的逻辑起点这个结论去做相关的论述和阐述。通过对马克思相关著作的梳理,我们可以发现他是从交换价值开始论述整个范畴体系。马克思认为交换价值即价值,资产阶级经济学的最初步的范畴就是价值范畴,政治经济学的逻辑起点就是价值范畴。[③]

我们梳理马克思的著作发现,他提出价值是政治经济学的逻辑起点后不久,又很快否认了这个观点。他在 1859 年出版的《政治经济学批判》中第一章便是《商品》,这也是他首次把商品加入经济学逻辑体系中。伴随时间的推移,马克思又出版了《资本论》,在该著作中马克思仍然把商品作为该著作的第一卷第一章进行探讨,完善了在《政治经济学批判》中《商品》这一章节的论述,尤其对逻辑起点问题进行了发展和完善。至此,众多的资产阶级经济学家一直在探讨的政治经济学逻辑起点问题才得到科学的解决。政治经济学逻辑起点研究的发展历程对于我们来说有两方面的启示,一是科学的逻辑起点的确立并非易事,需要我们不断探索和挖掘;二是马克思经过各种努力探索,明确了"商品"作为政治经济学的逻辑起点的科学性。

2.逻辑起点内在规定的探讨

查阅梳理各类著作发现,哲学研究对各学科的逻辑起点内在规定性的探讨较为深

---

① 瞿葆奎,郑金洲.教育学逻辑起点:昨天的观点与今天的认识(一)[J].上海教育科研,1998(03):2-9.
② 冯振广,荣今兴.逻辑起点问题琐谈[J].河南社会科学,1996(04):57-60.
③ 刘炯忠.试论《资本论》逻辑起点的形成问题[J].中国人民大学学报,1987(02):38-47.

入。黑格尔对逻辑起点提出了三条规定：第一，逻辑起点应该是一个最简单的规定，也是最抽象的规定，它"不以任何东西为前提"，"不以任何东西为中介"，不断地丰富开端的规定性的过程是依靠理论体系的概念推演过程实现的。第二，逻辑起点应该是科学理论体系的"全部发展都包括在这个萌芽中"，揭示对象的最本质规定，以此作为整个体系赖以建立起来的根据、基础，而概念的逻辑推演和展开，就是把内蕴于开端中的内容充分展示发展起来。第三，逻辑起点应与它所反映的研究对象在历史上的起点相符合，即逻辑的起点同时也是历史的起点。

华东师范大学教授、博士生导师瞿葆奎和中国浦东干部学院副院长、教授、博士生导师郑金洲[1]在认同黑格尔的观点之外，提出一个重要建议，他们认为除了黑格尔提出的三条质的规定以外，还应该补充两条规定：一是逻辑起点与研究对象的相互规定性，二是逻辑起点承担着一定的社会关系。

学者冯振广、荣今兴[2]也认同马克思关于逻辑起点问题的论述，他们结合《资本论》中关于逻辑起点的观点和列宁关于逻辑起点的相关论述，根据自身的理解，归纳总结了逻辑起点的五个特征：第一，逻辑起点是最抽象的东西；第二，逻辑起点是最简单的东西；第三，逻辑起点是构成体系的细胞的、元素的形式；第四，逻辑起点和终点是辩证统一的；第五逻辑起点和历史起点一致的。[3]

综上所述，哲学界和教育学界，普遍认同逻辑起点的规定，瞿葆奎、郑金洲和冯振广、荣今兴的观点实际上都是在黑格尔的观点之外增加了两条补充性规定。但并不能说学界已形成了基于此的共识，因此我们探讨逻辑起点的规定性时，主要根据黑格尔提出的三条规定，其他学者的观点作为研究的补充和参考。

3. 逻辑起点与研究起点的区别

逻辑起点和研究起点所表达的是不同的概念。逻辑起点是理论体系建立的基础和开端，它是对理论体系进行叙述的起点，贯穿理论和实践过程，可以说理论和实践中"一切矛盾的胚芽"来源于逻辑起点。研究起点是我们对于某一事物认识和着手研究的起点。我们对事物的认识是从表象逐渐到理性的内容，所以不可能一开始就会发现其内在规律，只能从事物的外在表现着手，由表及里逐渐深入探究。所以我们的研究起点应是某个事物内在矛盾的外在表现，这种外在表现是以问题的形式出现的，通过它才能由表及里发现事物的内在矛盾和本质。因而，马克思在他的著作中就明确提出，在形式上，叙述方法必须与研究方法不同。研究应充分掌握资料，分析不同形式的发展，并寻找各个形式之间的内在联系。只有完成此项工作，才有可能正确地叙述现实的运动。[4]

---

[1] 瞿葆奎,郑金洲.教育学逻辑起点:昨天的观点与今天的认识(一)[J].上海教育科研,1998(03):2-9.
[2] 冯振广,荣今兴.逻辑起点问题琐谈[J].河南社会科学,1996(04):57-60.
[3] 陈殿林,王天恩.论思想政治教育学的逻辑起点[J].江西师范大学学报(哲学社会科学版),2009,42(02):35-40.
[4] 瞿葆奎,郑金洲.教育学逻辑起点:昨天的观点与今天的认识(一)[J].上海教育科研,1998(03):2-9.

马克思在论述政治经济学的方法时说,在第一条道路上,完整的表象蒸发为抽象的定义;第二条道路上,抽象的规定导致在思维中具体再现。① 马克思所说的第一条道路就是研究方法,该方法主要是从客观现象(我们也可以称作感性的具体,包括研究起点)发现事物的本质及规律;第二条道路就是叙述方法(也叫作逻辑方法),该方法主要阐述的是从一般到个别、从抽象到具体、从简单到复杂、从本质到现象的演绎过程,该方法主要以逻辑起点为基础说明具体的、复杂的现象。② 马克思的相关著作中指出,应从现实和具体出发,从现实的前提出发,例如,在经济学上,人口作为一切社会生产行为的基础和主体,似乎是正确的。但仔细考察,事实并非如此。③ 从抽象到具体的过渡才是科学正确的方法。根据以上论述,逻辑起点与研究起点既有区别又有联系。逻辑起点与研究起点都反映了人们对客观事物认识的发展过程。但是,在现实的研究过程中,并非所有研究人员都明确逻辑起点与研究起点之间区别,一些研究者往往会忽视两者之间的区别,比如,有些研究者认为体育学的逻辑起点是"解决体育实践中的问题",显然混淆了二者。

需要指出的是,这里强调逻辑起点是一种"叙述方法",而不是研究方法,是为了阐明"研究起点"与"逻辑起点"的区别。事实上,并不是所有的叙述方法或叙述起点都能反映或者都是逻辑起点。因为有些叙述起点是自然形成的,这个起点在被证明是逻辑起点之前只能算是对逻辑起点的一种"猜想",或者是一种常识水平。比如,法学的叙述起点往往是"法"这一概念;管理学则往往是从"什么是管理"开始,教育学也往往是"从什么是教育"开始。这些叙述的起点并不一定都是逻辑起点,因为逻辑起点的要求较高,与一般的叙述起点有本质的区别,必须满足一定的条件。

还需要说明的是,这里所说的研究起点与逻辑起点的区别,是针对目前现实中对体育赛事进行研究的起点(它是从现实中的体育赛事问题出发,因为"科学本质上是解决问题的活动"④)来说的,而不是从历史的起点来说的。正如前面所讲,从历史的长河中来看,历史与逻辑是统一的,历史上最早的研究起点也必然与逻辑起点相一致。因此有学者认为"科学理论不区分人类认识的起点或研究的起点与理论的逻辑起点,认识起点、研究与理论是统一的。人为地将研究起点和科学体系的逻辑起点分开,是与科学史和思维规律相矛盾的。"⑤

(五) 探寻逻辑起点的目的——建立科学的理论体系

关于对逻辑起点问题的探寻,我们还需要明确探寻逻辑起点的目的是什么?我们这里探寻的逻辑起点是具有明确的指向的,目的即在于构建学科的理论体系。就

---

① 冯振广,荣今兴.逻辑起点问题琐谈[J].河南社会科学,1996(04):57-60.
② 米靖.论体育教育训练学基本范畴体系的逻辑结构[J].北京体育大学学报,2013,36(07):113-117.
③ 瞿葆奎,郑金洲.教育学逻辑起点:昨天的观点与今天的认识(一)[J].上海教育科研,1998(03):2-9.
④ 冯振广,荣今兴.逻辑起点问题琐谈[J].河南社会科学,1996(04):57-60.
⑤ 冯振广,荣今兴.逻辑起点问题琐谈[J].河南社会科学,1996(04):57-60.

体育赛事学来说,我们要明晰体育赛事学和体育赛事的区分,这里探讨的是体育赛事学的学科逻辑起点,并非体育赛事的逻辑起点。体育赛事作为一种实践活动要素是没有什么逻辑起点可言的,我们平常说体育的逻辑起点,其实指的是体育学的逻辑起点。

探寻逻辑起点的目的是想建立形成一个严密的体系,这个体系的形成必须要从逻辑起点出发,中间经过逻辑中介,最后抵达逻辑终点。过去在很长一段时间里,人们曾孤立地谈逻辑起点问题和学科建设问题。很多人谈逻辑起点要么主观地凭自己的理解,毫无依据地提出自己对逻辑起点的认识,要么按黑格尔提出的逻辑起点的质的规定来论证自己所提逻辑起点的正确性,很少有人结合自己所提的逻辑起点来论证、构建符合要求的学科体系。同样,论述学科体系时也是只谈自己对学科体系的看法,却提不出自己的理论依据。少数论文谈到了这两个问题,也是两张皮。事实上,起点范畴与理论体系之间具有内在的逻辑关系。作为逻辑体系的开端,它的证明不在于自身,而在于往后的演绎进程。科学理论的创立及其证明总是和这门科学理论体系的形成联系在一起的。[①] 因此,必须将逻辑起点问题的探讨与学科建设结合,寻求两者的统一。

二、相关学科逻辑起点考察

一方面,我们应当对"逻辑起点"问题进行元研究,把握其相关理论,在科学理论的指导下寻找体育赛事学的逻辑起点。另一方面,他山之石,可以攻玉,已有学者对体育赛事相关学科的逻辑起点进行了有效的探寻研究,并取得了一定的研究成果,且受到学界的认同。从逻辑起点问题的研究内容、方法、路径等方面梳理有关体育赛事学学科的研究,从中可以找到有益的启迪和借鉴。

(一)被考察的相关学科筛选标准讨论

为了准确定位体育赛事学的学科逻辑起点,我们需要对与体育赛事相关学科的逻辑起点进行考察和研究。我们选择哪些相关学科,也是有讲究的。学科与学科之间存在差异,每个学科对基本问题的回答必然会有着不同的角度,其探寻逻辑起点的方式自然也千差万别。那种随意性的借鉴参考,搞不好会犯南辕北辙、缘木求鱼的错误。那么如何选择被考察借鉴的相关学科呢?笔者确立下列两条标准:

1. 必须考察体育赛事学的母系学科

笔者持有的观点是,体育赛事学是体育学一级学科的分支领域,体育学可以称之为

---

① 冯振广,荣今兴.逻辑起点问题琐谈[J].河南社会科学,1996(04):57-60.

体育赛事学的母系学科,体育赛事学包含在体育学中,体育学逻辑起点的确立必定会对体育赛事学具有一定的影响。体育学相对于物理学、政治学、教育学、哲学、战略学、历史学等其他学科来说,考查其逻辑起点对确立体育赛事学的逻辑起点参考价值会更大一些。

2. 要在体育赛事学的兄弟学科中精选

随着社会经济的发展,科学技术的进步,体育学科发展到今天已经孕育成为一个分支学科体系庞大的家族,并且这个学科家族在可预见的将来,还将会继续分化壮大下去。在体育学科内部,体育赛事学目前已有诸多兄弟学科,究竟如何选择适当的学科来进行考察借鉴呢?

笔者以为在体育学分支学科中,类似于体育哲学这种分析体育中形而上问题的兄弟学科不必借鉴。类似于体育统计学这种研究如何运用方法来分析体育活动的兄弟学科不必借鉴。在目前众多的体育类兄弟学科中,体育休闲学、体育管理学、体育美学、体育新闻学、体育法学等学科体系建立比较成熟,而这些学科交叉衍生的兄弟学科比较接近,所以本研究选取体育法学、体育休闲学的逻辑起点进行考察。

(二)关于体育学逻辑起点的争论

随着体育学基本理论认识的不断深入,学者们对体育学逻辑起点的探索也逐渐深化,本研究梳理出具有代表性的观点(见表7-3)。

表7-3 体育学学科逻辑起点的代表性观点

逻辑起点	提出者 (年份)	理由依据	观点出处
观点1:体育	张岩 (2005)	作为体育学核心范畴的体育,是体育学学科理论体系的枢纽,在整个概念体系中起着统摄的作用	《体育学的范畴论》
观点2:体育运动中的人	鲁长芬 (2012)	体育实践中的人是体育存在的根本,包含贯穿体育发展全过程的核心矛盾,是体育形成的真正起点	《体育学科体系研究》
观点3:体育行为	刘一民 (2016)	体育行为是体育现象"本体存在",是体育现象中最简单、最常见、最抽象的起始范畴,是构成体育科学理论体系的"细胞""元素"	《论体育学基本理论范畴体系》
观点4:人体运动	韩丹 (1999)	人的运动就是人的运动动作的总称,是体育和竞技的行为根本和逻辑起点	《国际规范性体育与运动的基本概念解说》
观点5:锻炼	唐炎 (2002)	可以以锻炼标注体育发展的历史起点,锻炼是体育领域中最常见、最简单、最抽象的范畴,锻炼规定了整个体育科学领域的基础学科	《体育学学科体系现状考察及建构研究》

续　表

逻辑起点	提出者（年份）	理由依据	观点出处
观点6：身体练习	方千华，王润斌，徐建华，谢正阳，李凤梅（2017）	并非所有的动作都可以称为身体练习，只有那些为了实现体育的目的任务而采用的体育手段中的动作才能称为身体练习，这些动作不论在形式、内容和方法上都符合体育的要求，有助于实现体育的目的任务	《体育学基本理论与学科体系建构：逻辑进路、研究进展与视域前瞻》
观点7：活动	惠署（1992）	人的活动是全部体育形成过程的真正起点，包含着体育的最基本的矛盾，是一切体育行为的最基本要素和细胞	《体育哲学》
观点8：身体活动	纪成龙（2015）	在体育中的人的身体活动最本质也是最关键的一点在于：体育活动中人（主体）是通过把握自己的身体活动来认识自身（客体）的过程，是一个主客体统一的过程	《学科逻辑起点的问题与体育休闲学研究》
观点9：体力活动	MCNAMEE M.（2005）	体力活动是将体育学区别于其他学科的重要标志，除了体力活动是学科关注的本体外，参与并体验体力活动本身就是体育学的重要认识论手段，这有别于其他自然科学和人文科学的观察、阅读方法	Philosophy and the Science of Exercise, Health and Sport

人是体育行为的主体，所以观点1、观点2和观点3主张体育学学科的逻辑起点为体育、体育行为或者体育运动中的人。这个观点也被学术界所普遍认同。这三种观点不管是从归纳方式还是从认识路径上看似乎都很全面，但也存在待商榷之处。[①] 第一，该表述与著名哲学家黑格尔关于逻辑起点的表述不相符合。在体育学学科中，无论是体育运动中的人，还是人的体育行为都是内涵丰富的且需要重新解释、再作拆分的内容，它们都不是最简单、抽象、一般的概念。对于体育的认知中，不同的人对同样的体育活动的理解是不同的。如果我们将体育作为体育学的逻辑起点，因为对同一事物的理解存在差异，最终势必会导致研究者们建构的体育学的理论体系和学科体系出现重大差异，甚至截然不同。第二，如果体育学学科理论体系的逻辑起点是体育中的人或人的体育活动，就会在逻辑上形成一种循环论证，即用一个研究对象定义另一个研究对象。在已经非常成熟的学科中，如经济学、文化学和教育学等，现有的关于逻辑起点的论证并未显示出类似的归纳方式。其主要原因是，只有在对一个学科的研究对象进行演绎推理的过程中，形成了有效的逻辑链时，才能产生该学科理论体系的参考点和逻辑起点。第三，逻辑起点要保持它所反映的对象的一致性，即逻辑起点应与研究对象相互规定。如果体育运动中的人或者人的体育活动要发展成为理论解释的公理化前提条件，

[①] 方千华,王润斌,徐建华,谢正阳,李凤梅.体育学基本理论与学科体系建构：逻辑进路、研究进展与视域前瞻[J].体育科学,2017,37(06):3-23.

那么在建构的理论体系中,逻辑起点与研究对象的统一性导致了至少有一部分需要理论解释逻辑的传递和补位的内容难以纳入。[①]

观点4"人体运动"和观点5"锻炼"是在历史与逻辑的基础上考量体育学的逻辑起点,这两个观点思路借鉴了马克思将政治经济学的逻辑起点归纳为"商品"的经验。由观点4"人的运动就是人的运动动作的总称"可以分析出以下几个方面的含义:第一,运动只是人的活动的一部分;第二,人通过运动动作来进行相应的活动;第三,必须围绕人体运动进行推衍和分化,建构人的体育活动及其知识体系。第四,不管是竞技体育、学校体育还是大众体育,逻辑体系和理论学说的演进都是采用人体运动或人体运动中的身体练习(或身体锻炼)手段。观点5将"锻炼"归纳为体育学学科的逻辑起点,主要原因是人们对不同体育的客观形态有基本的认识,而锻炼是生活中的日常和偶然事件,这在逻辑上符合反映了体育发展过程的历史起点和逻辑起点的要求,即"锻炼的确是最简单、最抽象的体育范畴",而锻炼决定了它是整个体育科学领域的逻辑起点及其基础学科。[②]

观点6在"锻炼"的基础上将其表述内容进一步优化和修正,研究者认为"身体练习(physical exercise)"是体育学这一学科的逻辑起点。研究者主要考虑到"锻炼"作为体育学的逻辑起点可能存在着一定的偏差。"锻炼"具有两方面的基本含义,一方面是指"个体通过体育运动的手段使身体变得更加强壮,并在过程中培养人的勇敢、机警和维护集体利益等优秀品德";另一方面是指"通过生产劳动、社会斗争和工作实践,使觉悟、工作能力等提高"。从锻炼的归纳过程看,"锻炼"这个词作为体育学的逻辑起点,如果超越了锻炼本身反映的对象的一致性,就会失去其本身的特定价值。如果我们在"锻炼"一词之前加上"身体"(physical)作为限定词,"身体锻炼"一词就可以准确地表述它所指的体育学学科。"身体"的逻辑表明,上述的基本逻辑与原来的术语并不相同,从而有效避免了对象偏移甚至失真的情形出现。毕竟,动作的种类很多,也不是所有的动作都可以称之为身体练习,但那些被称之为身体练习的动作是作为体育手段的一部分,是"为实现体育目的任务而设计的"。这一类动作都与体育的要求相符合,且不论在动作的形式、动作的内容和动作的运用方法上都有助于实现体育的目的与任务。此外,观点6并没有将英文"physical exercise"翻译成上文所阐述的"身体锻炼",而是翻译成了"身体练习",原因如下:竞技体育、学校体育、群众体育是体育的三大领域,在通常情况下,我们将群众体育所展现出来的主要技术特征看作"身体锻炼"。采用"身体练习"这一表达,可以有效避免体育学的学科逻辑起点是通过群众体育领域的"身体锻炼"特征来描

---

① 方千华,王润斌,徐建华,谢正阳,李凤梅.体育学基本理论与学科体系建构:逻辑进路、研究进展与视域前瞻[J].体育科学,2017,37(06):3-23.
② 方千华,王润斌,徐建华,谢正阳,李凤梅.体育学基本理论与学科体系建构:逻辑进路、研究进展与视域前瞻[J].体育科学,2017,37(06):3-23.

述的不科学的现象发生。[①]

观点7认为体育的逻辑起点是体育过程的开始点。当然,这一逻辑起点不是指历史过程开始的任何一点,而是孕育着体育发展的起点,是体育活动发展的最初的胚芽,它包含着体育未来发展的全部内容,准确地抓住这一起点,是逻辑地再现历史的关键。体育的逻辑起点是和体育起源密切相关的一个问题,我们知道,体育的起源与人类生产活动、军事活动、舞蹈游戏,宗教祭祀活动等是分不开的。由于这一原因,在今天,许多体育史或体育理论常常用上面的诸因素或"多源说"来解释体育的起源问题。

观点8在观点7的基础上增加了"身体",并将"活动"改为"身体活动"(physical activity)。纪成龙认为,"身体活动"一词作为体育学的逻辑起点,更贴近体育的本质。主要原因有以下几个方面:第一,考虑到"活动"一词概念范围广泛,在不同的学科或领域,如哲学、心理学、教育学等都有不同的定义,它很难满足逻辑起点,如"关键概念、本质规定性"的要求;第二,"活动"一词概念比较宽泛,无法反映学科研究对象的具体内容,"身体活动"一词相较于"活动"更具体、更明确,但"身体活动"也有存在问题。身体活动可以体现出活动的对象——人的身体。在体育中的人的身体活动最本质也是最关键的一点在于主客体统一,即体育活动中人(主体)是通过把握自己的身体活动来认识自身(客体)的过程[②]。将身体的活动作为体育学研究的逻辑起点,既是体育学研究有别于其他科学所独立存在的本质规定,也是对体育全部形成过程的统一。从身体活动这一逻辑起点出发,我们可以逐步明确体育学研究对象基本范畴体系、价值意义也可以从人在身体活动中所产生的基本矛盾来认清体育活动主体与客体之间的关系以此来更好地实现主客体的统一。[③]

相比中国的体育学科的发展,美国的体育学科主要是来产生于"Physical Education"。如今,北美地区体育学科的通用名称已逐步为确立"Kinesiology(人体运动学)"。随着时代发展,Kinesiology得到国外学者们的一致认同,在20世纪最终被确立成为北美地区体育学学科的总称,随之"physical activity(体力活动)"作为Kinesiology逻辑起点的研究和讨论也在美国地区频繁出现,并日益热烈。霍夫曼就以"研究体力活动"为副标题在《体育学导论》中发文指出"如同社会学关注人们的社会互动、生物学关注生命形态、人类学关注文化样态,而体力活动就是理解体育学科的关键";体育学科必须围绕体力活动进行知识生产:体验体力活动(体验性知识)、研究体力活动的理论与概念(理论性知识)和以体力活动为中心的职业参与(职业实践知识)。内维尔则从另一角度强调:"体力活动是将体育学区别于其他学科的重要标志",因为除了

[①] 方千华,王润斌,徐建华,谢正阳,李凤梅.体育学基本理论与学科体系建构:逻辑进路、研究进展与视域前瞻[J].体育科学,2017,37(06):3-23.

[②] 纪成龙.学科逻辑起点的问题与体育休闲学研究[J].南京体育学院学报(社会科学版),2015,29(03):63-67.

[③] 纪成龙.学科逻辑起点的问题与体育休闲学研究[J].南京体育学院学报(社会科学版),2015,29(03):63-67.

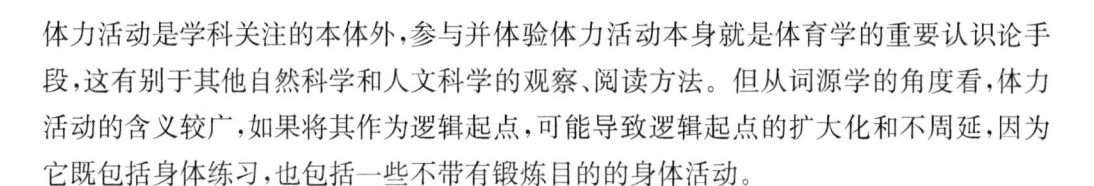

体力活动是学科关注的本体外,参与并体验体力活动本身就是体育学的重要认识论手段,这有别于其他自然科学和人文科学的观察、阅读方法。但从词源学的角度看,体力活动的含义较广,如果将其作为逻辑起点,可能导致逻辑起点的扩大化和不周延,因为它既包括身体练习,也包括一些不带有锻炼目的的身体活动。

(三) 相近学科的逻辑起点考察

本研究认为,"体育休闲学""体育法学"是在体育学分支学科中与"体育赛事学"最为类似和接近的兄弟学科,考察它们的逻辑起点问题,能给我们接下来思考体育赛事学的逻辑起点带来有益的启示。

1. 体育休闲学的逻辑起点考察

由于体育休闲学是交叉研究的性质,包含了体育与休闲两个部分。因此,体育休闲学的逻辑起点需要从跨学科的性质来审视,重点关注体育与休闲在学科中相结合的模式,被确定的逻辑起点也将作为"中介"牵连于母系与子系学科的各个层次之间。基于此,我们要确立体育休闲学的逻辑起点,至少要达成以下两个条件:第一,体育休闲学逻辑起点要符合整个母系学科休闲学的逻辑体系;第二,体育休闲学逻辑起点要凸显出子系学科体育学的本质特征。研究者韩丹公开发表的论文对娱乐(Recreation)与休闲进行论述时提出,人们在休闲时所做的一切,无论是独自一人还是集体做,结果是感到轻松、愉快,是为了这件事本身而做的,而不是事后可得到的报酬。最后文章提出观点,认为人们休闲活动的本质就是"休息"。在我们日常社会生活中,人们经常说的众多的休闲活动,如音乐、舞蹈、手工艺、游戏、户外活动、旅游、阅读、谈话、写作等,都具有娱乐的成分,其本身就是快乐的追求。[①] 它们都体现了休闲的基本内涵——快乐有趣的活动。部分人从事的休闲活动不能带给他们快乐,参与者的厌恶和不情愿也会反映在活动过程中,那这种情况也就无法体现自主和自由。所以"自寻不乐"的活动无法成为休闲研究的主题。由此可见,休闲所要研究的关键问题是休闲娱乐的问题,最终目的是娱乐身心。休闲研究的逻辑起点是娱乐,它相对休闲而言更抽象、更具体。因此,可以说娱乐是一个外延相对宽泛的概念;就我们日常生活中经常可见的休闲活动而言,在休闲学研究中"最常见、最普通、最具体"的存在就是娱乐。研究者们从娱乐的逻辑起点出发,可以发现大量的与"有趣的活动"相关的问题,通过科学的梳理,可以构建起当前成熟的休闲学研究的基本理论框架。[②] 在此基础上,可以认为,娱乐基本上对应于休闲学逻辑起点的基本原则,我们也可以把娱乐看作是休闲的所有基本理论内核产生的"胚胎"。

---

① 纪成龙.学科逻辑起点的问题与体育休闲学研究[J].南京体育学院学报(社会科学版),2015,29(03):63-67.
② 纪成龙.学科逻辑起点的问题与体育休闲学研究[J].南京体育学院学报(社会科学版),2015,29(03):63-67.

在这里,我们把娱乐界定为休闲学研究的逻辑起点,它指的是体育休闲学的理论内核的第一个层次。娱乐包括文化娱乐、社会娱乐、实用娱乐(临时修理、家庭园林、油漆工作)、身体娱乐等,不同的娱乐形式性质不同,它们之间存在着质的差别。所以,学者们需要确定或澄清体育学中这些差异的逻辑起点。关于体育学的逻辑起点,本研究为更接近体育休闲的本质,将身体活动作为体育学研究的逻辑起点,把它作为体育全过程的统一,也是学者们对于体育学研究区别于其他学科所独立存在的本质规定性。

通过前文的分析,我们知道休闲学与体育学研究的逻辑起点分别是"娱乐"和"身体活动",由此我们可以认为体育休闲学研究的逻辑起点是"身体娱乐"。根据这两个学科的逻辑起点,我们可以在交叉集合形成"身体娱乐"的基础上,发展形成体育休闲学的逻辑起点,进而从广义的"娱乐"领域过渡到具体的"身体娱乐"领域,这是一个非常自然、流畅的发展过程。从这个逻辑起点出发,体育休闲学开始构建学科体系自身的概念、框架和内容。除此之外,体育休闲把"身体性娱乐"作为逻辑起点,它可以反映独立的研究对象,即在闲暇的时间里进行身体娱乐的人,同时可以体现出体育休闲学独特的内涵。体育休闲学学科既是理论性的,也是应用性的,有必要以体育休闲为逻辑起点建立体育休闲学的理论框架和学科地位。首先,身体娱乐是一种常见的身体实践活动的外在表现形式,主要是指参与利用闲暇的时间通过实践活动的形式获得身体与心理愉悦以及体验的过程。[①] 我们这里探讨的主要参与身体活动过程的肌群为大肌肉群而非小肌肉群,外在表现主要是四肢和躯干的活动。身体实践活动的主体是参与者本人,客体也是参与者本人,这说明主体与客体是统一的,但并非所有类型的身体实践活动都是如此,这些行为不包括以脑力为主的竞技游戏,如棋牌竞技、体育赛事欣赏、电子游戏等。其次,体育休闲活动的选择不应局限于"轻松的体育活动"或"快乐体育",现代社会流行的新兴运动也可以作为体育休闲项目,如简单明快的儿童游戏活动、能够让血脉偾张的高峰体验等,表现为轻松愉快与激烈刺激并存,重在身体性娱乐"体验"。第三,身体娱乐内驱动力非常明确,它通过内在的手段实现内在的目的,即它的目的和手段都是身体活动。因此,体育学和休闲学可以形成一个交叉学科,正是因为这种达到目的的内在手段是娱乐的本质要求。也就是说,体育休闲作为一种身体娱乐时,并不具有实用性和功利性,当然这也很明确地体现出了体育休闲学的价值追求所在。如为减肥而进行的身体活动,必然受到减肥这一目的的影响。也可以这样理解,我们可以将以满足外部需求为目的的体育活动看作大众体育,这种活动并不是休闲的内涵所倡导的自由的身体活动,这也是体育休闲学跟大众体育的本质区别所在。

---

① 纪成龙.学科逻辑起点的问题与体育休闲学研究[J].南京体育学院学报(社会科学版),2015,29(03):63-67.

2. 体育法学的逻辑起点

人类长期的生产活动和生活实践促成了体育行为的产生,可以说凡是与体育发生联系的行为活动,都可称之为体育行为。它一个比较宽泛的概念,可以理解为体育行为是一种专门的生产或生活活动。这种活动主要是人类基于一定的目的、一定的意识,利用多种多样的手段和方法满足某种体育需要而进行的。包含两个方面:一方面是它的表现形式,即运动行为;另一方面是它的行为活动,即体育的教学、科研、管理、宣传、组织、观赏、消费等方面。本研究认为,体育法学研究的内容主要有两个方面:一是对体育行为在法学或法律上特殊性的研究;二是对体育行为在法学或法律上特殊性衍生的体育行业或体育产业的特殊性研究。根据体育法学研究的内容,可以看出体育法学的研究对象也有两个方面:一是在体育法律领域产生的行为,另一个是在体育法律领域之外产生的行为。关于这个问题,对广义的体育法和狭义体育法的思考和研究有着异曲同工之处。

首先,体育行为所反映的是现实的客观存在,具有明确的内涵和外延,可以说体育行为是一个广为人们接受的科学概念。其次,在体育法的学科中,体育行为是学术界公认的"最基本、最简单、最抽象的"概念,因此在体育法学体系中的其他相关概念可用体育行为进行解释,如体育法律关系、体育法律责任等,这些概念是客观存在和发展的。可以说,体育行为在体育法学理论体系中兼具基础性作用与核心地位。再次,体育法的本质和一些附属概念,如基本规律、原则等一系列下位概念都可以从体育行为中推衍出来,因为它包含了体育法学一切矛盾的"胚胎"和"萌芽"。

三、体育赛事学逻辑起点的探寻

在对逻辑起点进行元研究,并对体育赛事学的相关母系学科及兄弟学科的逻辑起点进行考察的基础上,本研究提出了体育赛事学的逻辑起点为"策划体育行为",并且"策划体育行为"起点论对体育赛事具有非常重要的意义。

(一)体育赛事学科体系逻辑起点确立为"策划体育行为"的理由

第一,"策划体育行为"是体育赛事现象中一个最初的、最直接的、最简单的规定,也是体育赛事现象中最直接、最简单的、最抽象的范畴。"策划体育行为"是体育赛事现象中的"直接存在"。把体育赛事学科体系的逻辑起点确定为"策划体育行为",不管是形式上还是在内容上都符合"直接存在"的范畴。就形式来说它是逻辑的、抽象的;就内容来说它是人们可以感知的,现实中存在的原型在逻辑上的再现[①]。例如,马克思的著

---

① 刘一民,房蕊.体育学的逻辑起点及其学科体系重建:体育行为观视角[J].天津体育学院学报,2012,27(05):404-407.

作《资本论》就是从"直接存在"的商品开始,建立起了资产阶级社会经济范畴产生和发展的逻辑结构。揭示某一事物的本质和规律,只有在认识"存在"的基础上,才能通过人的能动反映在思维中再现一个完整的事物。"策划体育行为"是体育赛事社会现象中最初始、最常见的"直接存在",是以最简单、最基本的形式呈现出来的。这就是说,在揭示体育赛事作为一种社会活动的特征和规律时,它是最简单、最抽象的。研究复杂的体育赛事现象、体育赛事利益相关者、体育赛事系统整体,就应该从研究基本的"策划体育行为"开始。我们认为"策划体育行为"是最简单的范畴,是相对于复杂的体育赛事现象而言的,实际上,作为体育社会现象"细胞"的"策划体育行为",内涵非常丰富,因此才能由它发展起来全部体育赛事矛盾与体育赛事关系。我们认为"策划体育行为"是"最抽象"的,这里的"最抽象"并不是指无限的抽象,而是指在体育赛事学对象限度内,它是最抽象的。也就是说,这个抽象范畴要适度,不能抽象不足或者过度抽象,抽象概念要能够准确反映研究对象的本质,而合理的抽象是获得正确逻辑起点的保证。所以,有学者提出体育赛事学的逻辑起点可以确定为"策划身体运动",本研究认为不妥,原因在于策划体力劳动、策划舞蹈、策划杂技、策划旅游等活动中都有策划身体运动[1],也就是说,"策划身体运动"不是体育赛事所独有的现象,在这一意义上存在抽象不足问题,也就无法谈及"最抽象"了,"策划身体运动"混淆了体育赛事现象和其他现象的本质规定性。通常情况下,每一门学科都应该有它特有的最基本的范畴,特别是作为该学科逻辑起点的范畴应该是独有的[2],由它为开端所展开的理论体系才能够与其他学科区分开来。

第二,"策划体育行为"揭示体育赛事学科研究对象的最本质规定,并作为整个学科体系赖以建立的基础,包含了这门学科的理论体系的全部发展"胚芽"。马克思在《资本论》中阐述政治经济学的逻辑起点的基本特征时曾指出:"最一般的抽象总只是产生在最丰富的具体发展的地方,在那里,一种东西为许多东西所共有,为一切所共有。"[3]该观点说明了一门学科的逻辑起点不是个别的、偶然的存在,而是整个学科中最具备普遍性的特征。体育赛事系统中具有普遍特征的"细胞"和"元素"正是"策划体育行为",它作为体育赛事学的共同特征正是从各种各样具体的体育赛事活动、体育赛事社会现象中抽象出来,为一切体育赛事活动、体育赛事现象所共有,普遍适用于体育赛事活动的各个方面。现代体育赛事与古代体育赛事有很大的区别,现代体育赛事已发展成为一个综合整体,具体体现在赛事性质多、目标多、层次多、功能多,这也就造就了现代体育赛事学研究对象的复杂性,要找到其学科逻辑起点并非易事。但如果透过体育赛事的各种复杂现象和相互关系就会发现体育赛事的现实存在主要是以策划人的"运动""活动"为主要特征。我们可以根据这种特征将各种当前社会流行的体育赛事活动归纳为

---

[1] 蒋德龙.健康体质学的逻辑起点——健身[J].体育学刊,2017,24(05):10-15.
[2] 刘一民,房蕊.体育学的逻辑起点及其学科体系重建:体育行为观视角[J].天津体育学院学报,2012,27(05):404-407.
[3] 刘海霞.马克思经济学理论体系的逻辑起点与终点[J].改革与战略,2017,33(08):41-45+192.

三大实践领域,即运动竞技、身体教育和健身休闲[1],这三大体育实践活动在表现形式、具体内容、结构特征、运行规律上都有不同,但是它们都是体育行为,且这种行为都是人的体育需要、动机所驱动的,且需要一定行为方式才能达到各自的行为目标。行为过程中都需要一定的内外部条件和激励措施,也都以显著的外显行为为主要表征。由此可见,运动竞技、身体教育和健身休闲活动共同特征的"细胞"和"元素"是"策划体育行为",它以"胚芽"形式包含着研究对象从低级到高级的运动发展,是研究全部体育赛事现象的基本范畴。如果说体育赛事学科体系是一张大网,那么"策划体育行为"这个基本范畴就是这张大网中的核心纽结[2][1]。虽然,严格来说体育赛事学科与体育赛事相关理论专著或教材并非一个概念,但体育赛事学科的体系总是通过一定的专著或教材反映出来。我国目前公开出版的体育赛事相关理论专著或教材中,几乎无一例外的都是从介绍"策划体育行为"这个概念开始的。这也在一定程度上证明了"策划体育行为"就是体育赛事学的学科逻辑起点。

第三,"策划体育行为"既是体育赛事学科的逻辑起点也是其终点。黑格尔认为,有起点就必须有终点,起点与终点是一个辩证的圆圈,终点是起点的目的,起点在终点中实现,只有这样它才是现实的起点。"科学的整体本身是一个圆圈,在这个圆圈中,最初的将是最后的东西,最后的也将是最初的东西。"[3]每一门科学理论都有其学科理论的"纲",整个"纲"主要体现为三个方面,分别是:学科的逻辑起点、逻辑中介和逻辑终点[4]。本研究认为,体育赛事学学科体系的逻辑行程是,经逻辑起点"策划体育行为",通过逻辑中介"体育赛事利益相关者理论",到逻辑终点体育赛事的"影响与发展",即策划体育行为—体育赛事利益相关者—体育赛事的影响与发展。体育赛事学学科体系的构建过程实质上是一个螺旋上升的过程,包含了从抽象的逻辑起点开始,经过逻辑中介(一系列概念、范畴)逐步推演至逻辑终点。逻辑是人们的思维理论,这种理论既是对历史的反映,也是对现实的反映,人们认识体育赛事现象的开端是作为"直接存在的"、"最抽象的""策划体育行为",而"利益相关者理论"是社会人在对体育赛事认识的基础上,制定的体育体制机制、方针政策、组织机构、组织形式以及体育行为规范等,包含了体育赛事运营、体育赛事管理、体育赛事发展、体育赛事保障等。"策划过程"是人类体育行为不断进化发展的逻辑产物,主要经过了从个体向群体、从低级向高级、从简单向复杂的过程,也是朝着"影响与发展"目标发展的逻辑前提。"体育赛事"正是通过"如何策划"这个桥梁,从实然状态转变为应然追求。"体育赛事利益相关者理论"这一基本范畴在体育赛事学中发挥着重要的功能,一方面它能够整合体育社会关系,另一方面它可以

---

[1] 刘一民,房蕊.体育学的逻辑起点及其学科体系重建:体育行为观视角[J].天津体育学院学报,2012,27(05):404-407.
[2] 刘一民,房蕊.体育学的逻辑起点及其学科体系重建:体育行为观视角[J].天津体育学院学报,2012,27(05):404-407.
[3] 黑格尔.逻辑学—上卷[M].北京:商务印书馆,1966.
[4] 冯振广,荣今兴.逻辑起点问题琐谈[J].河南社会科学,1996(04):57-60.

引导调控体育行为,体现了体育赛事作为一种人类社会活动的本质特征,也反映了由人的体育行为活动而引发的各种社会关系。逻辑终点是认识过程的结束,它是从特有的抽象上升到事物具体的逻辑行程中最后一个环节。"体育赛事的影响与发展"作为体育赛事学的逻辑终点,最终将全部体育实践活动的意义最终又落实到"体育赛事"上,"体育赛事的影响与发展"既是体育赛事发展的目标,又是更高一级体育赛事发展的起点,起点与终点形成了一个辩证的圆圈。从逻辑与历史统一的角度看,历史与思维的逻辑进程在结束的节点上是一致的,就理论上而言逻辑终点的确定要以现实历史进程本身的规律为依据,两者同向而行,如同历史的起点就是逻辑的起点一样,历史的终点也应当是逻辑的终点[①]。辩证思维运动完成了这一过程,就是一个周期。在思维的进程中,范畴的最简单发展为最复杂发展提供根据和前提,最复杂发展为最简单发展提供论证。体育学科范畴体系的发展应当遵循从"存在"到"本质"再到"概念"的顺序,即与整个人类认识中概念、范畴的推演过程相一致。由于体育历史的发展是由初级到高级、由简单到复杂的过程,所以,在逻辑上也表现为同客观历史相符合的、由简单到复杂的抽象思维过程。

第四,"策划体育行为"是体育赛事学科体系的逻辑起点与历史起点并存。恩格斯说:"历史从哪里开始,思想进程也应当从哪里开始,而思想进程的进一步发展不过是历史过程在抽象的、理论上前后一贯的形式上的反映。"[②]某一学科的理论开端,也是它在历史上的起点,体育赛事学科体系的逻辑起点和客观事物的历史起点必然具有一致性,因为学科体系的逻辑展开要再现体育赛事发生和发展的一般规律。体育赛事学科体系的"历史起点"包含两个方面的内容,即人类体育赛事发展史上最初出现的现象和人类认识体育赛事现象的起点,前者是现实活动本身,而后者是人类思维中最早出现的认识对象,是人类认识体育赛事现象的起点。人类文明的不断进步促进了体育赛事的发展和成长。从人类社会发展来看,早期的人类社会生产力发展水平低,人类生存环境十分恶劣,这也就导致了包括体育在内的一切活动的最终目的都指向满足人类基本生存需求。因此,在人类社会发展的早期,劳动成为最主要,甚至是唯一的活动形式。人类为了在恶劣的自然环境下生存和发展,所采取的必要手段就是竞争与对抗,只有在这个过程中才能够争夺生存资源、劳动成果、社会地位等。体育赛事的思想基础的产生正是源于这种人类在早期因为生存而出现的竞争和对抗意识。人类在漫长的岁月中经历了从只会本能的防卫动作到掌握攻击动作,再到能够有效地使用武器,这是一个充满无数艰难困苦的历程。此时,教育活动的主要目的是传授生产、生活的技能经验,在此背景中,短距离的跑、越过障碍的跳跃、投掷和舞蹈的综合运动形式出现了。伴随着社会的进步与发展,这些人类早期的身体运动行为蕴含越来越多的主体意识和社会文化内涵,逐步

---

① 帅国文.试论社会主义现代化是邓小平理论的逻辑终点[J].岭南学刊,2004,(04):17-19.
② 马克思,恩格斯.马克思恩格斯选集[M].北京:人民出版社,1972.

演化为体育行为。人类对体育赛事现象的认识最早就是从各种实际存在的体育行为开始的。据史料记载,早在公元前2700年,世界各地就有了各种形式的运动项目,但是这些运动项目通常只是宗教仪式的一部分,如中国古代的徒手武术(武舞)、埃及、亚述、克里特岛等地的弓箭、跳远和球类运动等。在古希腊,体育运动是一项崇高的活动,原因在于希腊人注重身体健康,而合理的运动可以有效地促进身体健康,所以体育运动在那个时代受到了很高的重视。世界上关于体育竞赛最早的记载出自公元前8世纪古希腊诗人荷马根据民间流传的短歌编写而成的《伊利亚特》,书中描述了阿奇里斯特别举行了一场体育竞赛,纪念在特洛伊战争中死亡的朋友巴托勒。除此之外,还提供了大量有关体育竞技项目的记述。自19世纪70年代,《荷马史诗》中有关体育竞技的内容不断得到了考古学家的证实。《奥德赛》中,淮阿喀亚国王阿尔喀诺俄斯(Alcinous of Phaeacian)为欢迎远方而来的奥德赛举行体育竞赛。赫西俄德的作品和其他古希腊神话传说中也有关于葬礼运动会的记述。古风时期的贵族和富人更热衷参加富有竞争精神的体育运动和酒会,如斗酒、游戏、跳舞等有论者把古风时代称为"竞赛的时代"。体育赛事产生的标志性活动就是古代奥运会,它与古希腊当时的社会政治、经济、文化和宗教都有着密切的关系。古希腊人信奉多神教,认为宙斯是众神之首,每逢重大的祭祀节日,所有的城邦都举行盛大的宗教集会,人们通过唱歌、舞蹈和竞技等方式来表达对诸神的敬意,尤其对宙斯的祭祀更是格外隆重,这就促成了古代奥运会的产生。古希腊人渴望和平,厌恶连年不断的城邦战争,在奥运会举办期间,他们希望以神的名义实行休战,达到减少战争、摆脱战乱的目的。基于上述,我们可以发现体育赛事产生的途径有两种:一是战争,二是祭祀活动。同时,体育赛事活动产生的背景也表达了人们对和平的向往,这种互相矛盾的关系背景,使体育赛事产生并延续下来。艺术家留西波斯的《刮汗污的运动员》、米隆的《掷铁饼者》、卡诺瓦的《拳击者》作品所临摹的模特也都是古代奥运会竞技场上的运动员。由此可见,"经过策划的体育行为"作为体育赛事学的逻辑起点,与体育赛事学研究对象的历史起点是一致的。逻辑起点与历史起点相统一,从根本上说是存在决定意识,意识反映存在的正确体现,逻辑起点只有与历史起点相统一,才能正确反映客观事物的本来面目,才能正确揭示事物发展的客观规律。

(二)"策划体育行为"起点论对体育赛事学构建的意义

将"策划体育行为"确定为把体育赛事学的逻辑起点,有助于我们从赛事的视角转向策划的视角,正确审视体育赛事活动。厘清体育赛事学的逻辑起点在理论和实践上都有丰富的价值和意义。

1. 理论价值和意义

(1) 有利于体育赛事学学科理论体系的构建

在黑格尔看来,建立一个严密、规范的逻辑范畴体系是一个学科成熟的标准,逻辑起点是构建逻辑范畴体系的关键。就体育赛事学来说,本研究认为"策划体育行为"包含着体育赛事领域一切矛盾的萌芽,按照一定的原则方法,可以推演出体育赛事学的学科理论体系。

(2) 为体育赛事学理论的发展提供新的视角

目前指导体育赛事实践的理论主要是移植和借鉴经济学、营销学、管理学、心理学、人力资源学等学科的理论。把"策划体育行为"作为体育赛事学的逻辑起点可以为学科理论和实践发展提供新的视角,这有利于体育赛事学遵循自身的学科发展规律,探索出符合本学科规律的科学教育理论。

2. 实践价值和意义

本研究认为,把"策划体育行为"确定为体育赛事学逻辑起点有利于我国体育赛事实践的科学化发展。"策划体育行为"贯穿体育赛事实践的始终,作为体育赛事学逻辑思维的起点,对于所有体育赛事实践活动都具有重要的现实指导意义。在体育赛事活动中,为充分发挥策划主体的积极作用,体育赛事实施者应以策划的专业发展作为出发点。有利于策划者树立专业发展的理念,促进策划体育行为不断走向科学化。

第二节 体育赛事学学科体系的建构

一、学科与学科体系的元研究

(一) 学科的定义、起源与分类

1. 学科的定义

从历史上来看,最早出现在西方的"学科(discipline)"主要是指"高等部门"的新型大学里的各门知识,尤其是指医学、法律和神学等。[1] 我国的史书也有关于"学科"的记载,如"自杨绾郑馀废郑覃等以大儒辅佐,议优学科,先经谊,黜进士,后文辞,亦弗能克也(《新唐书一九八儒学传序》)"[2]"咸通中,进士皮日休进书两通,其一,请以《孟子》为学科。(《北梦琐言》)[3]"。前者中的学科指的是学问的科目门类,后者指的是考试的科目。

从词源学的角度看,"discipline(学科)"源于拉丁语"discere(学习)",在《世界辞书》

---

[1] 华勒斯坦. 学科·知识·权力[M]. 北京:生活·读书·新知 三联书店,1999.
[2] 广东、广西、湖南、河南辞源修订组. 辞源修订本[M]. 北京:商务印书馆,2004.
[3] 罗竹风. 汉语大词典卷(4卷)[M]. 北京:汉语大词典出版社,1991.

中的注解的"discipline"为名词,其解释有 9 条内容,其中有 6 条解释内容涉及秩序、规范、控制、惩罚。[①] 但随着社会文明的进步发展,人们对于学科的认识逐渐深入,认为学科是一种制度。所以《学科知识权力》中将学科理解为"学科规训制度"。[②]

事实上,学科主要是高等教育学的范畴,但是什么是"学科"? 目前国内对于这个概念并没有非常统一的定义,主要有以下三种说法:第一种是"学术的分类"和"教学的科目"(《辞海》)[③],第二种是"按照学术的性质而划分的门类"和"教学的科目"(《现代汉语词典》第三版)[④],第三种是"以具有一定共性的客体为研究对象而形成的相对独立的知识体系或分支"[⑤]。总体上看,学科作为一个术语隐含着特定的哲学假设和价值取向,所以人、情境、视角不同,对于它的定义和标准也不同。本研究认为,学科具有知识性、规约性、外部性、文化性和开放性等特征,我们可以从其特征上认识和把握学科,不必要用刻板的语言描述和规约"学科",这样对于理论研究和实践指导来说可能更加有价值。

2. 学科的起源与发展

现在谈及的现代意义上的学科起源于中世纪时期欧洲的大学。当前我国高等教育研究者将学科发展划分为四个不同的历史发展阶段。[⑥] 第一个阶段:从中世纪大学的产生到文艺复兴时期,这个时期的学科主要由文、法、医、神四科构成。第二个阶段:从16世纪末到18世纪初,大学中的自然科学、人文社会科学等学科缓慢专门化,平等的、专门化的大学学科结构体系开始逐步形成,大学学科的发展逐渐呈现出专业化状态。第三个阶段:从18世纪初到二战结束,这一时期学科呈现出大分化特征,学科结构类型也呈现出多样化,总体呈现出以人文社会科学与自然科学领域为主要学科,持续不断地产生新学科的状态。第四个阶段:从二战结束开始到当代,不管是人文社会科学领域,还是自然科学领域,随着学科自身逐渐成熟与发展,单一学科的发展已经不是主流,开始涌现出了众多的交叉学科、综合学科、边缘学科、横向学科等,学科的发展呈现出高度分化,同时在此基础上又高度综合发展,并且科学技术转化为实质性的生产力的速度也越来越快,总体上大学学科结构呈现出系统综合的趋势。

3. 学科的分类方法

学科分类并不是一成不变的,它具有很大的人为性和不确定性。时代不同,分类标准各异,不同的人所提出的分类方案也迥然各异。文艺复兴后的欧洲,由于生产力的巨大发展以及人类认识能力的提高,实验科学和人文科学随着资本主义生产方式的确立

---

① 鲍嵘.学科制度的源起及走向初探[J].高等教育研究,2002(04):102-106.
② 冯用军.高等教育学学科建设探析—跨学科的视角[D].汕头大学,2006.
③ 夏征农.辞海(中)[M].上海:上海辞书出版社,1979.
④ 中国社会科学院语言研究所词典编辑室.现代汉语词典[M].北京:商务印书馆出版社,1996.
⑤ 丁雅娴.学科分类研究与应用[M].北京:中国标准出版社,1994.
⑥ 庞青山.大学学科结构与学科制度研究[D].华东师范大学,2004.

而迅速兴起,学科门类日趋明确。到了 19 世纪上半叶,科学分化已经达到了相当精细的程度。这一时期有代表性的主要有四种分类法,分别是英国培根的学科分类、德国黑格尔的学科分类、法国圣西门和孔德的学科分类、恩格斯的学科分类。我国知识分类的萌芽早在殷周时代就出现了,即"六艺"(礼、乐、射、御、书、数),西汉时期的"七略"(诗赋略、六艺略、诸子略、数术略、兵书略、方技略、成辑略),西晋时期的经、史、子、集等都是知识分类的不同形式。随着社会的不断发展和人类认知能力的不断提高,学科分类越来越精细,更多的新兴学科也将不断地被吸收进来。20 世纪以来,科学的分化愈来愈细,学科之间的相互联系愈来愈密切,科学在高度分化的基础上实现了高度的综合,发展成为一个多层次的纵横交错的立体网络。《中国国家标准:学科分类与代码》是我国 1992 发布的第一个学科分类的国家标准,当时将所有的学科分为 5 大门类,分别是:自然科学、人文与社会科学、农业科学、医药科学、工程与技术科学。总的来说,我国把学科分为三个不同的学科层次,即"学科门类""一级学科""专业"(相当于二级学科)。其中,二级学科专业的设置是基础,是人才培养的基本单元,它与学科的分类和社会关于职业的分工是密切相关联的。[①]

(二)学科体系的概念及构建意义

1. 学科体系的概念

本研究梳理了学者们关于学科体系概念的相关表述,主要可分为窄派和宽派。前者是指一个完整的具有严格逻辑同一性的知识体系,强调学科内容方面知识单元的内在联系;后者是指基于学科的研究对象、研究范围和根据一定指导思想将某一学科的多个分支学科组织在一起的研究框架。本研究综合了以上两种关于学科体系概念的界定,认为体育赛事学的学科体系主要揭示了我国体育赛事理论的研究对象、研究范围,同时分析研究内容中知识单元的内在联系。本研究认为,一门学科的范畴、原理、规律不是互相独立存在的,它们之间的关系应该是彼此存在、互为条件、互相衔接的内在的联系,从而根据一定原理形成一环扣一环的发展链条,构成科学的知识体系。学科体系也就是一个学科与之相关的概念、原理和方法的体系化。

2. 学科体系构建的意义

一个学科能够科学合理地构建其学科体系,对该学科自身的健康发展具有十分重要的启示和定向作用。这种作用主要表现为以下几个方面:一是有利于我们对学科自身和相关研究领域的发展规律建立共同认识;二是为相关学科领域建设提供理论支持,从而丰富和完善学科体系;三是有利于满足该学科相关人才培养的要求;四

---

① 庞青山.大学学科结构与学科制度研究[D].华东师范大学,2004.

是有利于专业建设中课程体系的合理优化,从而进一步促进普通大众对于该学科的感性和理性认识。以本研究对我国体育赛事学的学科体系构建为例,相关研究成果首先有助于清晰认识体育赛事相关理论研究的历史发展脉络与规律;其次,有助于我们认识和领悟新时代体育赛事发展的精神实质;最后,有助于正确把握体育赛事未来发展趋势和方向。

二、体育赛事学学科体系的构建

(一) 体育赛事学学科体系的构建原则

1. 统一性原则

体育赛事学是从其母系学科体育学中演化而来的,要正确处理它和母系学科的基本理论的关系。在构建体育赛事学学科体系过程中,既要对体育学的相关基本理论进行合理继承和统一协调,又要对体育学基本理论做出新贡献,从而实现对体育赛事学母系学科基本理论的创新和升华。

2. 综合性原则

体育赛事学学科体系的建立要正确处理好与其他相关学科的关系。体育赛事学学科体系的建立基础是体育学和特殊事件管理学,以及其他众多学科的内容,如体育休闲学、体育社会学、体育法学等兄弟学科和社会学、心理学、经济学、政治学等其他学科领域。总的来说,应运用多学科的研究方法对体育赛事学进行科学有效的综合分析。[1]

3. 可持续发展原则

对体育赛事理论问题的研究应是可持续发展的,要充分解决体育赛事学理论与实践的关系。体育赛事学理论与实践问题密切相关,理论研究和实践相互推动发展,理论研究为赛事实践提供有益的参考资料,赛事实践活动反过来又推动赛事理论的深入研究。体育赛事的日益丰盈,为学科研究提供了丰富的研究对象,同时赛事的挑战也越来越多,需要创新体育赛事学理论来解决体育赛事实践中出现的重大问题。所以,我们有必要深入研究体育赛事学的可持续发展,重视体育赛事的发展。[2]

4. 创新性原则

体育赛事学理论应展现生命力和活力。具体体现在体育赛事学应解决两个方面不

---

[1] 刘伟,杨剑.体育赛事学理论体系构建的探索性研究[J].体育研究与教育,2016,31(01):37-40.
[2] 刘伟,杨剑.体育赛事学理论体系构建的探索性研究[J].体育研究与教育,2016,31(01):37-40.

能解决或难以解决的新问题，一是传统体育赛事理论，二是其他体育学分支学科理论。体育赛事学作为一门新兴学科，与之相关的特有的术语概念和理论要素需要不断创新才能形成。

（二）体育赛事学学科体系的基本设想

学科体系的形成是学科成熟的重要标志，体育赛事学作为一个新的学科，刚刚起步，要发展成一门成熟学科还有很长的路要走。首先要解决体育赛事学的学科概念、学科性质及研究对象等问题。笔者对于建构体育赛事学学科体系的设想包括体育赛事学学科体系研究范围、体育赛事学学科体系研究任务、体育赛事学学科体系知识体系、体育赛事学学科体系研究方法、体育赛事学学科体系学科基础等。

三、体育赛事的概念界定

体育赛事的起源可以追溯到原始社会。传统形式的体育赛事一般由参赛人群、场地物质条件及比赛组织管理三个基本系统组成，它往往只关注运动员、教练员、裁判员等竞赛活动主体，对于体育竞赛所涉及的赛场之外的因素并不太关注。[①] 当然，这也是有客观原因的，在社会生产力发展低下，人们的物质生活和精神生活极端贫乏，人类为了生存进行艰苦斗争的背景下。体育并不是对精神和文明的追求，更讲求实用。在这样的社会背景下，体育赛事的影响力当然微不足道，对于社会政治、经济文化发展所能产生的影响也极为有限。

（一）我国体育赛事概念发展阶段的划分

我国体育赛事内涵与外延伴随着我国体育赛事研究的20余年发展历程也在发展和变化。20世纪90年代之前，在计划经济体制下，政府是体育赛事的主导，我国对于体育赛事的认识主要在传统的体育比赛的竞赛层面上，但是对于体育竞赛的认识也只涉及赛场内，并没有体现场外因素。"运动竞赛是在裁判主持下，按照统一规则组织与实施的运动员个体或运动队之间的竞技较量"[②]，这种表述方式对于体育竞赛的认识是片面性的，只停留在竞技体育比赛的层面和赛场范围内，没有表达出体育竞赛是人类的一种实践活动和过程，没有概括出与体育运动竞赛相关的因素，也没有反映新时代体育运动竞赛的特征。

20世纪90年代，随着我国社会主义市场经济体制进一步建立和完善，体育发展逐渐市场化和产业化，体育市场对体育发展的影响越来越大。政府逐渐转变职能，采用市

---

① 石冰,董胜利.体育赛事与社会软环境改善的双赢策略[J].体育学刊,2006(06):18-20.
② 田麦久.运动训练学词解[J].北京体育大学学报,1999(6):2.

场化方式举办各类体育赛事,取得了很好的效果。"竞赛表演"一词作为一个全新的概念出现在大众的视野中。各类体育比赛尤其是商业性赛事越来越多,体育赛事的经营和管理如创意策划、后勤管理、电视转播、广告赞助、场馆设计需要理论和经验的指导。陈开云[1]、纪宁、巫宁[2]等都认为竞赛表演的本质不是表演而是运动,竞赛表演是以竞赛的形式,通过体育手段实现健身欢乐和个体社会化的目的;体育竞赛表演不仅仅只是表演,它可以满足社会发展中对体育文化的需求,也是社会文化的重要组成部分,同样也是社会文化产业中必不可少的分支行业。

21世纪以来,我国体育体制改革不断深化,人民的物质生活水平越来越高,在广大人民群众对体育需求日益增长的社会背景下,体育朝着产业化、市场化、社会化发展的趋势也日趋明显。因此,我们如何利用好各种类型的体育赛事资源,以发挥体育赛事的应有效益,成为运作或者承办各级体育赛事者不得不关心的重要问题。所以,有很多学者把"竞技表演"称为"体育赛事",并从项目管理的视角进行界定。但是,这种观点并未意识到体育赛事的特殊性和影响力,仅单纯地将它看成一个项目。

在经济全球化形势下,体育赛事的影响力越来越大,带来的社会效益和经济效益也越来越高,许多国家和地区积极参与或举办各种类型的体育赛事。体育赛事也不再是单纯的竞赛活动,而是逐渐演变成复杂的社会活动,其重要性远远超出比赛本身,包含政治、经济、文化环境等多种因素。这一时期,人们认为体育赛事是竞赛产品和相关服务产品,具有项目管理特征,是有市场潜力,其规模和形式受到竞赛规则、传统习俗的影响,能够满足参与者之间的经验交流的需求。体育赛事会对社会文化、自然环境、政治经济、旅游等领域产生影响,具有显著的经济效益和社会效益。[3] 从上述对于体育赛事概念演变的分析中可以得出结论,在社会发展的不同阶段,人们对体育赛事的认识有不同的侧重点,现在各国学者对体育赛事的定义并不统一,尚未完全达成共识。

(二) 体育赛事内涵与外延发展状态的刻画

从术语学角度出发,对体育赛事内涵发展的状态进行分类刻画,可以总结为3大范畴,6个不同的本质特征(如表7-4所示)。采用术语划分标准的战略性意义在于:一是有助于全面理解"赛事理论丛林"发生的机制;二是为深入探讨并规范"赛事研究范畴"提供现实的依据。通过大量文献整理与归纳分析发现,不同专业领域对赛事的众多特性研究侧重点有所不同,逐步形成不同的赛事思想与理论。

依据上述分类框架,人们对体育赛事的理解与定义可以分别划入"体育赛事是运动竞赛""体育赛事是竞赛表演""体育赛事是特殊事件"这三种视角,在此基础上进一步按

---

[1] 陈开云.赛事经营管理概论[M].上海:复旦大学出版社,2003.
[2] 纪宁,巫宁.体育赛事的经营与管理[M].北京:电子工业大学出版社,2004.
[3] 石冰,董胜利.体育赛事与社会软环境改善的双赢策略[J].体育学刊,2006(06):18-20.

照专业领域把中外核心作者(研究者)对体育赛事的认识予以归类(见表7-4)。通过上述划分,不仅可以比较清晰而科学地评判有关研究者所下定义的质量,还可以为提出一个更为全面的体育赛事定义奠定基础。采用术语学划分标准具有两个方面意义和作用:一是有助于人们全面理解"体育赛事理论丛林"发生的机制;二是为深入探讨并规范"体育赛事研究范畴"提供现实的依据。通过大量文献调查、整理与归纳分析发现:不同专业领域对体育赛事的众多特性的侧重有所不同,形成了一些不同的认识与假说,并在此基础上不断提出不同的体育赛事思想与理论。

表7-4 体育赛事内涵与外延的三大分类

范畴	本质特征及其表述	专业领域	代表性理论和思想
运动竞赛	竞技性特征	运动竞赛学	原国家体委训练竞赛综合司在《运动竞赛学》指出:运动竞赛具有目的综合性、对抗的激烈性、影响因素的庞杂性、随机性及边界的开放性、竞赛结果的不确定性。
竞赛表演	竞赛性特征 表演性特征	营销学 管理学	《赛事经营管理概论》认为,体育赛事之所以被称为竞赛表演,是因为其中的"竞赛"是指以竞技成绩为目的的体育比赛。表演有两方面的含义:第一,比赛具有观赏价值;第二,非竞技成绩为唯一目的体育运动演出。该书系统介绍了我国体育竞赛演出经营的基本过程以及竞赛表演服务营销管理,竞赛表演的策划包装、我国竞赛表演市场环境与要素等。
	项目化特征	项目管理学	体育赛事具有项目管理的典型特征,将项目管理理论运用到体育赛事领域,引进先进的管理理念和新的知识与技术,对于提高体育赛事的质量与水平,产生体育赛事的综合效益,有着十分重要的意义。
特殊事件	体育竞技为主题的特殊事件	社会学 经济学 传播学等	特殊事件的六大特征:吸引外地游客并推动举办地旅游业发展,具有一定期限,一次性或不经常发生,提升举办地知名度与城市形象,对举办地社会经济产生影响,提供一次休闲和社交的机会。

从前文对于体育赛事的梳理中发现,不同时期的学者们对体育赛事的定义虽各有侧重点,但这些定义都体现了当时的时代发展特征与需求,同时与人类认识世界的规律也相符合。但是,从术语学的视角来看,这些定义不符合新时代发展的现实需求,那么应当如何为体育赛事下一个更为科学与规范的定义呢?这将是一个必须面对和解决的基本问题。逻辑学中明确提出,给某一概念下定义就是揭示概念所反映对象的特点或本质的一种逻辑方法,即用简短明确的语句提示概念的内涵。用公式表示就是:被定义概念=邻近属概念+种差。[①]

近年来,学界对于建立"体育赛事学"二级学科的倡议甚多,然而有关"体育赛事学"的明晰概念却很少。本研究基于前人的研究基础,抛砖引玉,为"体育赛事学"归纳一个明晰

---

① 何雪勤.形式逻辑学[M].沈阳:辽宁人民出版社,1985.

的定义,以为体育赛事学学科发展奠定必要的前提性条件。根据学科定义的一般路径,本研究认为"体育赛事学"可以有三种不同的定义:静态、动态、实践注释。从静态的视角看,体育赛事学研究的是各种因素例如组织者、参与者以及相关社会环境相互结合、相互作用的模式。从动态的视角看,体育赛事学是对体育赛事的产生、发展及其活动过程中的客观规律的系统研究,是一门应用性很强的科学。从工作实践的视角看,我们可以认为体育赛事学是研究体育赛事的一般规律及其作用的实践性科学。再结合前文对体育赛事学逻辑起点的确立,本研究认为,体育赛事学是一门以体育赛事发展理论为基础,研究体育赛事活动的一般规律,以其实际运作为己任的基本原理或是方法论的学科。

第三节 体育赛事学理论体系的基本框架与学科发展展望

作为研究者,我们要明确,构建体育赛事学的理论体系是为了能够从整体上为体育赛事科学活动指引方向,揭示体育赛事的相关规律,为大中小赛事活动提供理论支持,而不是仅仅反映当前的体育赛事学的发展现状。依据前文对我国体育赛事研究发展状况的分析,同时借鉴其他相关学科的划分理论,笔者大胆设想可以用三维矩阵构建中国体育赛事学理论体系的基本框架(见图7-1),以体育赛事学分支学科与相邻学科为学科维,以大型体育赛事、群众体育赛事、民族体育赛事、学校体育赛事及其关系为对象维,以体育赛事学的理论、应用和方法三个研究层次为研究维。[①]

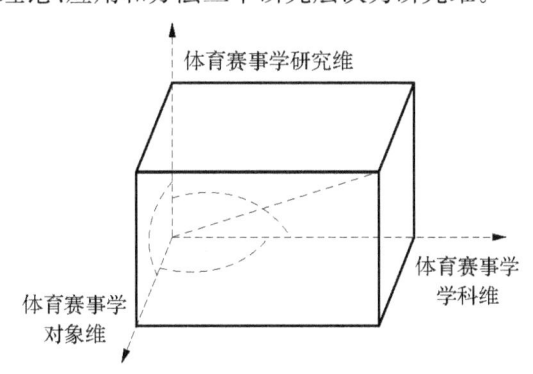

图7-1 中国体育赛事学理论体系的基本框架示意图

依据所构建的三维体育赛事学理论体系,可以具体从二维平面进一步分析。第一,从"研究—对象"二维结构,从体育赛事学的理论、应用和方法三个层次以大型体育赛事、群众体育赛事、民族体育赛事、学校体育赛事及其关系(赛事生态问题)为对象开展研究;第二,从"学科—对象"二维结构,以体育赛事学、相邻学科以及它们之间的交叉学

[①] 刘伟,杨剑.体育赛事学理论体系构建的探索性研究[J].体育研究与教育,2016,31(01):37-40.

科来研究大型体育赛事、群众体育赛事、民族体育赛事、学校体育赛事等及其与经济、政治、文化、社会、自然之间的规律、政策和管理等;其三是从"研究—学科"二维结构,按照体育赛事学理论、应用、方法三个领域划分体育赛事学的分支学科与相邻学科基本归属的研究,或者反过来对体育赛事学及其相关学科的理论、应用和方法三个研究层次开展探讨。

从相关的研究成果看,自2007年以来,我国的体育赛事学研究呈现出创新发展的势头。为保持这样的发展活力,我们必须从宏观上对体育赛事学进行学科建设和布局,借鉴国外发达国家的相关成果,建议高等院校开设相关专业,增加相关的硕士和博士的培养点。此外,为了促进我国体育赛事学的学科发展,我们必须建立体育赛事学与相邻学科,开展跨学科学术研究,大力推进体育赛事学的国际交流与合作。[①]

第四节 中国体育赛事科学分类的框架与学科体系的结构探析

一、中国体育赛事学科学分类的标准与框架

中国体育赛事文献分布在众多的学科中,从现有的资料看主要包括体育学、管理学、经济学、新闻学与传播学、文化学、艺术学、教育学、情报与文献学等。特别让人关注的是,从文献资料看,有部分体育赛事相关研究跨越了两个甚至更多的学科,如管理学和经济学、心理学和管理学、新闻学与传播学和经济学等。各学科对于体育赛事的关注点不同,体育赛事的相关问题涉及的学科领域也比较广泛,体育赛事学是在众多学科的结合和推动下所形成的一门交叉综合的学科。

社会大发展,体育赛事繁荣,体育赛事研究也逐渐受到各学科的重视。然而单一地使用体育学、管理学、社会学的研究方法去做研究,已经不符合当前科学发展的要求了,只有跨学科综合、系统地研究体育赛事问题,才是能够全面、客观地解决相关问题。由此可见,"全方位、多学科地综合研究体育赛事问题"已成为体育赛事科学研究的基本范式。[②]

本研究在广泛借鉴其他科学分类标准及处理方式的基础上,提出了如下分类标准的体系(见表7-5)。

---

① 刘伟,杨剑.体育赛事学理论体系构建的探索性研究[J].体育研究与教育,2016,31(01):37-40.
② 刘伟,杨剑.体育赛事学理论体系构建的探索性研究[J].体育研究与教育,2016,31(01):37-40.

表 7-5 中国体育赛事科学分类的基本框架探析

以研究对象为分类标准	以体育赛事理论的性质为分类标准	以研究对象的性质为分类标准	各种已有的、新兴的、探索和设想中的体育赛事学科
以体育赛事活动为研究对象；以不同方式运用其他学科	把被运用学科作为理论分析框架	分析体育赛事中的形而上问题	体育赛事哲学 体育赛事逻辑学
		分析体育赛事中人文社会现象	体育赛事经济学 体育赛事法学 体育赛事社会学 体育赛事政治学 体育赛事文化学
	采用被运用学科的方法	运用方法直接分析体育赛事活动	体育赛事比较学 体育赛事学 体育赛事未来学
		研究如何运用方法来分析体育赛事活动	体育赛事评价学 体育赛事会计学 体育赛事信息学 体育赛事统计学 体育赛事审计学
	综合运用各门学科，解决体育赛事的实际行动问题	分析与其他领域共有的实际问题	体育赛事管理学 体育赛事政策学 体育赛事公关学 体育赛事传播学 体育赛事营销学
		分析各种体育赛事特有的实际问题	大型体育赛事学 学校体育赛事学 民族体育赛事学 群众体育赛事学 商业体育赛事学
	以体育赛事理论为研究对象	分析体育赛事理论发展	元体育赛事学 体育赛事学史 体育赛事科学计量研究

二、体育赛事学学科体系的结构与特征构想

体育赛事学学科之间彼此渗透、协调发展，逐渐形成了各种学科门类(类别)。各种不同类别的学科和与其相关的赛事学科相结合，又形成了赛事学科体系的结构。这样就出现了"学科分类"的相关问题，"学科分类"和"科学分类"问题在文字只看似没有区别，实则存在着根本性差别。按照学科的自身性质和研究范围，可以将当前已经形成、

正在形成阶段的,以及有待创建的分支或边缘分支学科划分为体育理论赛事学、专门体育赛事学、应用体育赛事学、范畴体育赛事学和历史体育赛事学五个部分。[①]

(一)体育理论赛事学

理论体育赛事学属于基础理论层次,揭示的是体育赛事与其相关活动的内在本质及其发展规律。体育理论赛事学有以下几个特点:第一,具有抽象性和普遍性(理论性),第二,属于体育赛事学的主导学科。总体上来看它是分支学科发展的基础,分支学科的发展也促进它的发展。其分支主要有体育赛事哲学、体育赛事科学学、比较体育赛事学等。

(二)专门体育赛事学

专门体育赛事学属于理论性或应用性程度,在整个层次上属于中间层,该学科主要运用社会科学、人文科学和系统科学的相关理论和研究方法,挖掘体育赛事和社会发展的互动关系。专门体育赛事学具有抽象性和普遍性(理论性)的特点,其分支主要有体育赛事社会学(含体育赛事公关学)、体育赛事经济学、体育赛事文化学和体育赛事法学等。

(三)应用体育赛事学

应用体育赛事学属于应用基础层次,在体育赛事创建和管理的基础之上逐步细分化和专业化。此学科主要是在理论体育赛事学和专门体育赛事学的理论指导下,发展体育赛事的设计、管理、营销、传播、策划、评论等。应用体育赛事学的特点是针对性和实践性较强。其分支主要有体育赛事管理学、体育赛事营销学、体育赛事传播学、体育赛事评论学等。

(四)范畴体育赛事学

范畴体育赛事学属于实际应用层次,它界定体育赛事学的研究范畴,且描述学科的研究对象,其分支主要有大型体育赛事学(奥林匹克学)、学校体育赛事学、群众体育赛事学等。

(五)历史体育赛事学

一个学科的理论发展需要追根溯源,以更好地从整体上构建理论体系。历史体育赛事学的主要特点是资料性和规律性较强,其分支主要有体育赛事史学、体育赛事计量学等。

---

① 刘伟,杨剑.体育赛事学理论体系构建的探索性研究[J].体育研究与教育,2016,31(01):37-40.

按照学科性质与研究范围划分形成了上文所述的五大体育赛事学,它们的内容共同构成了体育赛事学科体系的结构,每一个子部门又有若干个分支,总体上呈现出聚类性、层次性、相关性和相对性四个特点。随着社会的发展,体育赛事审批政策的放开,体育赛事日益丰富,不断发展出的新的分支学科均能在此结构体系中找到自己的位置。结构体系所呈现的这种扩展是良性的,对于体育赛事科学在横向上和纵向上的发展都是有利的。

体育赛事这一概念的内涵随着社会的发展而不断更新,仅仅只是"运动竞赛"的体育赛事的年代已经过去了。在社会、文化和经济大融合的年代,体育赛事的价值更多体现在其文化和产业价值上,因此其内涵也发生了变化。本章提出了"学科—研究—对象"三维动态结构的体育赛事学基本框架理论体系构建并剖析了体育赛事科学分类的标准与框架,体育赛事学科体系的结构与特征和体育赛事学科体系的五个序列。总之,"全方位、多学科综合研究体育赛事问题"已经成为体育赛事学研究的运思范式。

第八章 结论

第一节 研究结论

一、中国体育赛事研究领域的知识结构

在中国体育赛事研究领域的知识结构的知识图谱研究中,本研究以2000—2022年CSSCI源刊发表的789篇论文及关键词为数据,以体育赛事研究领域的内容及其驱动因素的变化为标志,将中国体育赛事研究领域的发展历程划分为学习引进期(2004年以前)、消化吸收期(2005—2012)和模仿创新期(2013年以后)三个阶段。通过关键词共现网络聚类图谱分析发现,中国体育赛事学研究呈现出专门、应用和范畴三大维度。专门维形成了三大知识群,分别是体育赛事经济学理论知识、体育赛事社会学理论知识和运动竞赛学理论知识;应用维形成了五个知识群,分别是体育赛事组织管理理论知识、体育赛事营销理论知识、体育赛事传播理论知识、体育赛事法律保护理论知识和体育赛事文化理论知识;范畴维形成了九个知识群,分别是大型体育赛事研究、群众体育赛事研究、学校体育赛事研究、中国体育赛事研究、国际体育赛事研究、品牌赛事研究、商业性体育赛事研究、民间体育赛事研究、区域和城市体育赛事研究。

二、中国体育赛事研究的主流学术群体与代表人物

这一章的研究回答了两个问题。首先,通过发文量和被引频次两项指标,发现并评价了中国体育赛事研究领域的高影响力作者,分析揭示了六个方面的特征和规律。其次,通过绘制作者合作图谱,反映我国体育赛事研究领域学者的合作特征。通过对各年份作者合作情况的分析发现,虽然合作程度相对较低,但从总体情况来看,我国体育赛事研究文献合作度呈不断上升的趋势,说明我国体育赛事研究越来越重视科学合作。

三、中国体育赛事研究的知识基础与前沿节点

在中国体育赛事研究的知识基础与前沿节点的知识图谱研究中,通过文献共被引网络图谱分析发现,中国体育赛事研究发展的知识基础由7篇奠基性文献(集中在心理学、管理学、经济学、传播学和运动竞赛学等领域)、6篇共被引频次及中心性都较高的核心关键文献和几十篇次级关键文献(集中在体育赛事基本理论、体育赛事的经营与管理、体育赛事经济学和体育赛事评估等方面)集合组成;构成中国赛事研究前沿的一系列节点主要包括体育赛事无形资产保护、赛事影响评估、赛事观众基本特征、赛事赞助营销、赛事文化、赛事新媒体等众多主题,这些主题的研究内容不断得到创新、扩展和深化。

四、中国体育赛事的研究前沿与研究主题

在中国体育赛事的研究前沿的知识图谱研究中,通过文献共被引聚类知识图谱分析发现,由文献共被引所构成的知识基础与对应的施引文献所出现的关键词共形成了81个聚类;通过对这些聚类中的被引文献的内容分析和施引文献的主题词的词频内容分析,发现该领域研究前沿已经形成了"核心—边缘"两个层次的格局,即"核心知识群—次级知识群",分别包括7个和14个知识群。其中,核心知识群的研究主题包括"赛事经营与管理""风险管理、城市发展、经济影响""体育赞助""体育赛事经济学""法律保护""政府作用、赛事运营、城市营销"和"赛事运作管理"。次级知识群的研究主题分别为"体育赛事转播""国外大型体育赛事与城市(国家)发展的研究""运动竞赛学""体育赛事产业竞争力""体育赛事营销""项目管理""赛事品牌""体育赞助营销""体育赛事融资""公共关系""社会理论""体育赛事旅游""体育赛事物流管理""任务型组织"。

五、中国体育赛事的研究热点及演化态势

在中国体育赛事研究热点的知识图谱研究中,通过对不同时期的高频关键词进行共词分析和图谱绘制,揭示不同时期我国体育赛事研究热点的变化特征。通过分析发现,我国体育赛事研究热点主要集中在"体育赛事""大型体育赛事""奥运会""竞技体育""体育管理""体育报道""赛事评估""赛事影响"等方面。为了进一步揭示体育赛事研究热点及其演进路径,对不同时期的高频关键词进行共词分析和图谱绘制,发现不同时期我国体育赛事研究热点的变化如下:2000—2005年,体育赛事研究的主题领域较少且极其分散,这一时期研究热点主要集中在"体育赛事""体育报道"两个主题词上。

2006—2010年，体育赛事研究更注重社会需求，其应用性范围更加广泛，研究主题受环境影响比较显著，研究热点主要集中在"奥运会""体育产业""赛事市场化""电视转播权""风险管理""背景广告""经济影响""场馆设施""志愿者"等方面。2011—2015年体育赛事研究的主题更为丰富和多样，研究热点主要集中在"城市发展""城市营销""中国体育""服务质量""竞技体育""体育管理""体育产业""无形资产""群体事件""赛事品牌"等方面；2016—2022年体育赛事研究的热点主要集中在各类赛事的"品牌形象""无形资产""版权保护""转播权""风险管理"等方面。

第二节 研究创新点

一、研究问题的创新

本研究引入科学计量学理论与方法进行中国体育赛事知识图研究，这是一次有意义的创新尝试。随着学科领域知识的不断增多，传统的通过大量阅读文献的研究的主观性缺陷就越来越明显，尤其在对某一领域整体发展态势的评价和描述上，传统方法显得更加无力。近年来，对知识领域或科学本身进行定量可视化研究的知识图谱理论与方法在实际应用中获得了迅猛发展，但它在我国体育赛事研究领域中的应用尚处在探索萌芽阶段。因此，本文引入科学知识图谱理论和方法，并用此方法对中国体育赛事研究领域的知识结构、前沿热点与科学合作网络等方面的进展状况进行可视化分析，全面和形象地展现中国体育赛事研究领域演进的历史图景，为揭示我国体育赛事理论发展的内在规律和发展态势提供了独特的视角。

二、研究视角的创新

本文构建中国体育赛事研究领域进展的知识图谱研究框架，不仅可以保证其评价和描述的全局与立体特征，而且可以使研究问题经过更多的验证与推敲，进一步保证结论的可靠性，将抽象信息形象地展现出来。

三、学科构建的创新

在中国体育赛事学理论体系建构的探索性研究中，以上述知识图谱研究结论为基础，通过借鉴相关学科建设的经验和成果，初步探索并发现"全方位、多学科综合研究体育赛事问题"的体育赛事学研究范式。

第三节 研究不足与展望

首先，本研究选取 CSSCI 期刊的文献数据作为研究对象，由于每本期刊对参考文献的标注存在差异，可能导致数据转换和处理结果有失精确，这是本研究的一个不足之处。此外，由于 CiteSpaceV6.1 等前沿和最新分析软件还处于不断完善和发展之中，因此也可能影响数据处理的精度。

其次，一个学科知识领域的演进是一个复杂且不断发展的动态过程，因此对其理论演进进行科学计量研究和可视化分析，只能从整体上梳理和揭示其知识领域演进的关键路径，对其演进过程与动态结构进行宏观勾画，为有关的研究者与管理者提供参考并不能完全呈现出体育赛事研究领域发展的所有内容。进一步的研究，可考虑选择国外科学引文索引 SCI 和 SSCI 等数据库，进行国际体育赛事研究领域的知识图谱构建研究，并对中外研究进行比较分析；也可选择国内的某些重要期刊如《体育科学》，以及博硕论文数据库进行专题研究；还可以选择一些高影响力学者，对他们在国内外期刊发表的论文和出版的著作进行评价研究。在研究方法上还可以运用知识图谱的其他具体方法，如学科共现、期刊共现、机构共现等分析方法；在数据处理软件上，可以进一步选用 Pajek、WordStat 和 Themespace 等相关软件，并对不同软件及其处理结果进行比较分析。

第三，在探索性建构中国体育赛事理论体系的研究中，由于没有运用扎根理论对中国赛事研究领域理论发展的状况进行分析，可能导致理论体系构建的事实依据还不太扎实。进一步的研究，可以考虑开展基于扎根理论的中国体育赛事理论体系的建构研究。

参考文献

[1] 鲍嵘.学科制度的源起及走向初探[J].高等教育研究,2002(04):102-106.
[2] 蔡建东.我国教育技术学主干理论演进的关键路径——基于科学知识图谱的分析[J].现代远程教育研究,2011(01):38-44.
[3] 陈超美.CiteSpaceV6.1Ⅱ:科学文献中新趋势与新动态的识别与可视化[J].陈悦,等译.情报学报,2009,28(3):21.
[4] 陈殿林,王天恩.论思想政治教育学的逻辑起点[J].江西师范大学学报(哲学社会科学版),2009,42(02):35-40.
[5] 陈开云.赛事经营管理概论[M].上海:复旦大学出版社,2003.
[6] 陈悦,刘则渊.悄然兴起的科学知识图谱[J].科学学研究,2005(02):149-154.
[7] 陈悦.管理学学科演进的科学计量研究[D].大连理工大学,2006.
[8] 丛湖平.体育赛事产业区域核心竞争力形成机制研究[M].杭州:浙江大学出版社,2011.
[9] 邓群,王红君,张锐,等.基于CSSCI的中国期刊品牌研究的知识图谱分析[J].中国科技期刊研究,2022(05):701-712.
[10] 丁雅娴.学科分类研究与应用[M].北京:中国标准出版社,1994.
[11] 方千华,王润斌,徐建华,谢正阳,李凤梅.体育学基本理论与学科体系建构:逻辑进路、研究进展与视域前瞻[J].体育科学,2017,37(06):3-23.
[12] 菲利普·科特勒.市场营销原理[M].北京:机械工业出版社,1999.
[13] 冯用军.高等教育学学科建设探析—跨学科的视角[D].汕头大学,2006.
[14] 冯振广,荣今兴.逻辑起点问题琐谈[J].河南社会科学,1996(04):57-60.
[15] 顾晓霞,杜秀芳.体育赛事的经营与管理[M].太原:山西人民出版社,2009.
[16] 广东、广西、湖南、河南辞源修订组.辞源修订本[M].北京:商务印书馆,2004.
[17] 何克抗.关于教育技术学逻辑起点的论证与思考[J].电化教育研究,2005(11):3-19.
[18] 何雪勤.形式逻辑学[M].沈阳:辽宁人民出版社,1985.
[19] 黑格尔.逻辑学[M].北京:商务印书馆,1966.
[20] 侯海燕,刘则渊,栾春娟.基于知识图谱的国际科学计量学研究前沿计量分析[J].科研管理,2009,30(01):164-170.

[21] 侯剑华.工商管理学科演进与前沿热点的可视化分析[D].大连理工大学,2009.
[22] 华勒斯坦.学科·知识·权力[M].北京:生活·读书·新知 三联书店,1999.
[23] 黄海燕,张林,李南筑.上海大型单项体育赛事运营中政府作用之研究[J].体育科学,2007(02):17-25.
[24] 黄海燕.体育赛事综合影响的事前评估研究[D].上海体育学院,2009.
[25] 黄维,陈勇.中国教育经济学发展趋势的知识图谱研究[C].//中国教育学系教育经济学分会.2009年中国教育经济学年会会议论文集.(出版者不详),2009:11.
[26] 纪成龙.学科逻辑起点的问题与体育休闲学研究[J].南京体育学院学报(社会科学版),2015,29(03):63-67.
[27] 纪宁,巫宁.体育赛事的经营与管理[M].北京:电子工业大学出版社,2004.
[28] 江晓萍.思想政治教育基本规律研究[D].苏州大学,2015.
[29] 蒋德龙.健康体质学的逻辑起点——健身[J].体育学刊,2017,24(05):10-15.
[30] 靳小雨,栾美丽.体育赛事研究评析[J].体育文化导刊,2009(11):67-69+73.
[31] 瞿葆奎,郑金洲.教育学逻辑起点:昨天的观点与今天的认识(一)[J].上海教育科研,1998(03):2-9.
[32] 瞿葆奎.教育学逻辑起点的历史考察[J]教育研究,1986(11):7.
[33] 克里斯蒂·格鲁诺斯.服务市场营销管理[M].吴晓云,冯伟雄,译.上海:复旦大学出版社,1998.
[34] 李采丰,陈伟.基于投入产出模型的大型体育赛事经济效应分析——以重庆国际马拉松为例[J].山东体育学院学报,2017,32(02):32-33.
[35] 李芳,司虎克,尹龙.中外体育教师教育研究前沿与热点对比分析[J].首都体育学院学报,2015,27(4):327-335.
[36] 李芳,司虎克.国际学生体质健康领域的研究热点与前沿[J].首都体育学院学报,2014,26(01):40-45.
[37] 李南筑,黄海燕,曲怡,晏慧,由会贞.论体育赛事的公共产品性质[J].上海体育学院学报,2006,(04):10-17+22.
[38] 李南筑,袁刚.体育赛事经济学.上海:复旦大学出版社,2006.
[39] 李南筑.体育赛事经济学[M].上海:复旦大学出版社,2006.
[40] 李伟平,权德庆.我国体育消费研究前沿与热点——基于科学知识图谱的可视化研究[J].西安体育学院学报,2014,31(01):41-44.
[41] 李元,王莉,沈政.基于知识图谱的国际职业体育研究前沿与理论演进分析[J].北京体育大学学报,2013,36(07):22-29.
[42] 刘东波,姜立嘉,吕丹.大型体育赛事风险管理研究[J].体育文化导刊,2009,(03):8-12.
[43] 刘海霞.马克思经济学理论体系的逻辑起点与终点[J].改革与战略,2017,33

(08):41-45+192.

[44] 刘建和.运动竞赛学[M].成都:四川教育出版社,1990.

[45] 刘炯忠.试论《资本论》逻辑起点的形成问题[J].中国人民大学学报,1987(02):38-47.

[46] 刘伟,杨剑.体育赛事学理论体系构建的探索性研究[J].体育研究与教育,2016,31(01):37-40.

[47] 刘伟.国家社会科学基金资助体育学领域国内论文统计与研究热点分析[J].浙江体育科学,2022(06):116-121.

[48] 刘希佳.我国高水平单项体育赛事组织结构的理论研究与实证分析[D].河北师范大学,2007.

[49] 刘一民,房蕊.体育学的逻辑起点及其学科体系重建:体育行为观视角[J].天津体育学院学报,2012,27(05):404-407.

[50] 刘转青.自由视角下的"马拉松热"[J].山东体育学院学报,2017,40(08):34-35.

[51] 卢长宝.匹配与体育赞助事件的选择:基于品牌资产的实证研究[J].体育科学,2009,29(08):82-89.

[52] 罗竹风.汉语大词典卷(4卷)[M].北京:汉语大词典出版社,1991.

[53] 马克思,恩格斯.马克思恩格斯选集[M].北京:人民出版社,1972.

[54] 米靖.论体育教育训练学基本范畴体系的逻辑结构[J].北京体育大学学报,2013,36(07):113-117.

[55] 聂丹.北京马拉松赛事运作的SWOT分析[J].体育学刊,2014,21(06):19-23.

[56] 潘晨,宗乾进.国内数量经济学2009年研究热点分析——南京大学知识图谱研究组系列论文[J].现代情报,2011,31(05):21-24.

[57] 潘懋元.新编高等教育学[M].北京:北京师范大学出版社,1996.

[58] 庞青山.大学学科结构与学科制度研究[D].华东师范大学,2004.

[59] 彭漪涟.论"原始的基本关系"——冯契关于辩证分析逻辑起点的一个重要思想[J].华东师范大学学报(哲学社会科学版),2002,(01):31-35+45-125.

[60] 秦长江,侯汉清.知识图谱—信息管理与知识管理的新领域[J].大学图书馆学报,2009(1):30-37.

[61] 任占兵.我国马拉松赛事文化的若干问题研究[J].体育成人教育学刊,2016,32(05):8-9.

[62] 石冰,董胜利.体育赛事与社会软环境改善的双赢策略[J].体育学刊,2006(06):18-20.

[63] 帅国文.试论社会主义现代化是邓小平理论的逻辑终点[J].岭南学刊.2004,(04):17-19.

[64] 孙林,陈诗华,马忠利.我国体育赛事研究的定量分析[J].南京体育学院学报(社会

科学版),2012,26(06):60-64.

[65] 田麦久.运动训练学词解[J].北京体育大学学报,1999(6):2.

[66] 童玲玉,宗乾进,袁勤俭.中国2009年金融学研究的知识图谱分析——南京大学知识图谱研究组系列论文[J].现代情报,2011,31(05):16-20.

[67] 王健.教师教育学的逻辑起点探析[J].教师教育论坛,2014,27(08):5-12.

[68] 王璟,夏培玲.基于Web of Science的国际体育政策研究热点可视化分析[J].沈阳体育学院学报,2013,32(01):32-36.

[69] 王俊杰,王培勇,徐坚,刘峰.基于知识图谱的国外太极拳运动研究热点与演化分析[J].体育科学,2012,32(10):77-84.

[70] 王琪,方千华.基于知识图谱的国际奥林匹克运动研究现状及发展趋势[J].武汉体育学院学报,2010,44(05):5-10.

[71] 王琪,黄汉升.西方现代体育科学学科结构的演变研究——基于美国《研究季刊》1930—2009年文献共被引网络的知识图谱分析[J].南京体育学院学报(社会科学版),2012,26(03):26-33.

[72] 王琪.科学知识图谱及其在体育科学研究中的应用[J].西安体育学院学报,2010,27(05):528-531+535.

[73] 王琪.西方现代体育科学发展史论[D].福建师范大学,2011.

[74] 王琪.中外体育教育研究现状的比较[J].首都体育学院学报,2014,26(02):123-126+144.

[75] 王守恒.体育赛事管理[M].北京:高等教育出版社,2007.

[76] 王玉龙.传播学视野下太极扇传播方式的对策研究[D].北京体育大学,2022.

[77] 王子朴,杨铁黎.体育赛事类型的分类及特征[J].上海体育学院学报,2005(06):24-28.

[78] 武胜奇.体育赛事文化对城市文化核心竞争力的影响及提升路径选择[J].天津体育学院学报,2009,24(06):480-483.

[79] 夏培玲,王璟.基于知识图谱的国外高原训练研究前沿与热点分析[J].体育科学,2011,31(04):75-80.

[80] 夏征农.辞海(中)[M].上海:上海辞书出版社,1979.

[81] 肖林鹏,叶庆晖.体育赛事项目管理[M].北京:北京体育大学出版社,2005.

[82] 谢劲.大型体育赛事与城市发展[M].北京:中国商务出版社,2018.

[83] 许振亮.国际技术创新研究前沿与学术群体可视化分析[D].大连理工大学,2010.

[84] 杨铁黎,李良忠.商业性体育赛事风险管理[M].北京:北京体育大学出版社,2010.

[85] 姚芹,赵敏玲,张颖慧.网球大师杯·上海赛现场观众基本特征研究[J].上海体育学院学报,2009,33(04):21-26.

[86] 叶小瑜.近10来我国体育赛事研究热点述评[J].贵州体育科技,2013,110(1):8-12.

[87] 于善旭.我国体育无形资产法律保护的研究[M].北京:北京体育大学出版社,2009.

[88] 袁勤俭,宗乾进,沈洪洲.德尔菲法在我国的发展及应用研究——南京大学知识图谱研究组系列论文[J].现代情报,2011,31(05):3-7.

[89] 张锐,张燚.品牌学——讨论基础与科学发展[M].北京:中国经济出版社,2007.

[90] 张锐.基于知识图谱的中国品牌理论演进研究[D].中国矿业大学,2013.

[91] 章以金,宗乾进,袁勤俭.我国开放存取研究主题的知识图谱分析——南京大学知识图谱研究组系列论文[J].现代情报,2011,31(05):8-11.

[92] 赵长杰.奥运会营销策略的理论与实践研究[D].北京体育大学,2004.

[93] 赵蓉英,王静.社会网络分析(SNA)研究热点与前沿的可视化分析[J].图书情报知识,2011(01):88-94.

[94] 赵蓉英,王菊.图书馆学知识图谱分析[J].中国图书馆学报,2011,37(02):40-50.

[95] 赵蓉英,许丽敏.文献计量学发展演进与研究前沿的知识图谱探析[J].中国图书馆学报,2010,36(05):60-68.

[96] 中国社会科学院语言研究所词典编辑室.现代汉语词典[M].北京:商务印书馆出版社,1996.

[97] 周建克.奥运会新媒体传播探析[J].浙江体育科学,2009,31(06):6-8.

[98] 周越,徐继红.逻辑起点的概念定义及相关观点诠释[J].内蒙古师范大学学报(哲学社会科学版),2006,(05):16-20.

[99] 朱昆,赵丙军,王兴.我国竞技体育后备人才培养研究热点及演进路径[J].上海体育学院学报,2011,35(06):45-49.

[100] Aaker D A. Managing brand equity: Conceptualizing on the Value of a Brand Name[M]. New York: The Free Press, 1991.

[101] Alaszkiewicz R K. Olympic Television Rights[J]. International Review for the Sociology of Sport, 1986, 21(2-3): 211-227.

[102] Baade R A. An Analysis of Major League Baseball Attendance, 1969—1987 [J]. Journal of Sport & Social Issues, 1990, 14(1): 14-32.

[103] Brooks Christine. Sports Marketing: Competitive Business Strategies of Sports [M]. San Francisco: Benjamin Cummings, 1994.

[104] Chaomei Chen. Mapping Scientific frontiers[M]. Berlin: Springer, 2003.

[105] Hesling W. The Pictorial Representation of Sports on Television [J]. International, 1986, 21(2-3): 173-192.

[106] Kessler M M. Bibliographic coupling between scientific papers[J]. American Documentation, 1963, 14(1): 10-25.

[107] March James G. Organizations[M]. New York: John Wiley & Sons, 1993.

[108] Persson O.The Intellectual Base and Research Fronts of JASIS 1986—1990[J]. Journal of the American Society for Information Science,1994,45(1):31-38.

[109] Price D D. Networks of Scientific Papers[J]. Science,1965,149:510-515.

[110] Ronnie Lidor. Is research on aging and physical activity really increasing? A bibliometric analysis[J]. Journal of aging and physical activity,1999(7):182-195.

[111] Small H,Sweeney E. Clustering the science citation index using co-citations [J]. Scientometrics,1985,7(3):391-409.

[112] Small H. Co-citation in the scientific literature:A new measure of the relationship between two documents[J]. Journal of the American Society for information Science,1973,24(4):265-269.